IMPRIMERIE

SCHNEIDER ET LANGRAND

rue d'Erfurth, 1

LA
COMÉDIE A CHEVAL

OU

Manies et Travers du monde équestre,

JOCKEY-CLUB, CAVALIER, MAQUIGNON, OLYMPIQUE, ETC.,

Par Albert Cler,

ILLUSTRÉE PAR MM.

Charlet, T. Johannot, Eug. Giraud et A. Giroux.

PARIS,
ERNEST BOURDIN, ÉDITEUR,
51 rue de Seine.

I

DU CHEVAL.

« La plus noble conquête que l'homme ait jamais
« faite est celle de ce fier et fougueux animal qui par-
« tage avec lui les fatigues de la guerre et la gloire
« des combats : aussi intrépide que son maître, le
« cheval voit le péril et l'affronte ; il se fait au bruit
« des armes, il l'aime, il le cherche, et s'anime de la
« même ardeur : il partage aussi ses plaisirs ; à la
« chasse, aux tournois, à la course, il brille, il étin-
« celle, etc., etc. » Cette description de M. de Buffon
est devenue classique et proverbiale ; impossible de
prononcer le mot CHEVAL sans provoquer tout aussitôt
oralement ou mentalement l'inévitable tirade : « La
plus noble conquête que l'homme ait jamais faite, etc. »

Au risque d'être taxé de présomption et d'irrévé-
rence, nous sommes forcé de nous inscrire en faux
contre une grande partie des assertions chevalines de

1

l'illustre naturaliste. M. de Buffon nous paraît avoir écrit sur le cheval, comme les voyageurs *sédentaires* écrivent sur le Kamtchatka, la Cochinchine, la ville de Gonesse et autres localités qu'ils n'ont jamais vues. Il est probable que cet auteur, qui ne pouvait rédiger qu'en grande toilette à la française, qui observait la nature du point de vue d'un jabot, aurait craint de compromettre ses manchettes dans une écurie.

Quoi qu'il en soit, le chapitre consacré au cheval dans l'*Histoire naturelle* de M. de Buffon est loin de prouver une connaissance approfondie du sujet. Il est rempli d'observations, présentées en termes très-fleuris, nous en convenons, mais qui n'ont aucun rapport avec la réalité. M de Buffon a peint dans son ouvrage, comme M. Horace Vernet dans ses tableaux, un cheval de convention.

Ainsi que nous l'avons déjà dit, le chapitre du célèbre naturaliste, étant demeuré classique, a définitivement consacré, à ce sujet, une foule d'opinions purement fantastiques. C'est surtout en ce qui concerne le cheval *moral*, si nous pouvons nous exprimer ainsi, que l'on a été le plus complétement et le plus étrangement abusé. Les peintres, les poëtes, les romanciers et le commun des amateurs n'ont cessé de prêter au cheval les plus exquises qualités du sentiment, sans compter les restaurateurs parisiens qui s'obstinent à lui prêter les qualités du bifteck.

Si nous croyons devoir redresser les erreurs chevalines patronées par M. de Buffon, c'est qu'elles peuvent influer d'une façon fâcheuse, non-seulement sur les jugements, mais encore sur les jambes et les côtes des hommes.

Supposez, par exemple, un amateur candide et inexpérimenté se fiant à ces assurances descriptives du savant en manchettes : « Docile autant que courageux, « le cheval *ne se laisse point emporter* à son feu ; *il sait*

« *réprimer ses mouvements* : non-seulement il *fléchit*
« *sous la main de celui qui le guide*, mais il *semble con-*
« *sulter ses désirs* ; c'est une créature qui *renonce à son*
« *être pour n'exister que par la volonté d'un autre*, etc. »
Voyez-vous notre amateur qui se met tranquillement en selle, persuadé, sur la foi de M. de Buffon,
qu'il n'a rien à redouter de ce quadrupède naturellement si bon, si docile, si rempli de prévenances déli-
cates, ne *consultant que les désirs* du cavalier et *ne se
laissant jamais emporter* : le voyez-vous, tombant tout
à coup non-seulement de la hauteur de ses illusions,

mais encore de la hauteur de son cheval, ce qui est
bien autrement fâcheux.

Au surplus, M. de Buffon ne doit pas porter la responsabilité intégrale de semblables erreurs ; il n'a fait,
en grande partie, que se rendre l'écho des préjugés
équestres répandus avant lui. Cet auteur aurait pu
répondre, à propos de ses tirades sur les qualités sentimentales du cheval, ce que répond Arnal, dans *la*

Dame de chœur, à sa belle-mère Lolotte, la danseuse émérite, qui se proclame une très-jolie femme : *je l'ai ouï dire à mes aïeux.*

En effet, les peintures de fantaisie, touchant le caractère du cheval, remontent aux temps les plus antiques, et elles ont dû s'accréditer d'autant plus facilement qu'elles étaient plus fausses. Si nous voulions généraliser ici notre observation, il nous serait facile de démontrer, contrairement au vers de Boileau, qu'aux yeux de la gent humaine, en général :

> Rien n'est beau que le faux, le faux seul est aimable.

Et cette préférence pour le faux se manifeste à peu près dans tout. Le similor moral, le chrysocale intellectuel et le strass historique séduisent bien davantage que l'or brut de la vérité, et sont très-promptement poinçonnés par la sanction publique. Voyez les proverbes que l'on appelle la sagesse et que nous appellerons, nous, la sottise des nations.

Il n'est presque pas un seul de ces dictons, de ces aphorismes, transmis et adoptés de génération en génération, comme règle de conduite et de jugement, qui ne soit précisément l'opposé du vrai. Don Bazile avait donné le signal de la réaction antiproverbiale, et il est vraiment fâcheux qu'on ne l'ait pas suivi dans cette voie. Il y aurait un excellent traité à faire en retournant tout simplement les proverbes et les dictons populaires ; nous livrons l'idée aux écrivains qui se sentiraient des dispositions pour entreprendre cette besogne de tailleur en vieux.

Mais nous nous apercevons qu'imitant un des défauts du quadrupède qui nous occupe, nous nous laissons *emporter* sur le terrain de la digression, et que notre plume, pour nous servir de l'expression technique, s'est *dérobée.* Hâtons-nous de reprendre la corde de notre sujet.

Nous disons que le caractère du cheval a été communément interprété sous un point de vue antinaturel. Puis est venu le Cirque-Olympique, spécialement consacré aux héros à quatre jambes, et, une fois mis au théâtre, le type équestre ne pouvait manquer d'acquérir un nouveau degré de fausseté conventionnelle. On nous a montré des chevaux *arrangés* comme des militaires ou des marins de vaudeville.

A l'appui de nos assertions, nous allons signaler quelques-uns des préjugés vulgairement accrédités sur l'espèce chevaline.

PREMIER PRÉJUGÉ.

Le cheval vaillant et belliqueux par tempérament.

Il est vraiment inconcevable que l'on se soit imaginé de faire cette réputation d'intrépidité et d'ardeur guerrière au plus craintif, au plus poltron peut-être des animaux. Comment le cheval, que le moindre bruit fait tressaillir, que la vue des objets les plus ordinaires et les plus inoffensifs inquiète et convulsionne, qui, en un mot, s'effraye à propos de tout et même à propos de rien, pourrait-il naturellement se délecter aux éclats horripilants du canon et de la mousqueterie, affronter de gaieté de cœur les dangers des combats, avoir faim de sabres et soif de baïonnettes?

En cherchant à remonter à la source d'un préjugé si foncièrement contraire aux instincts évidents du cheval, nous sommes parvenu à découvrir que c'est la Bible qui, la première, a mis en circulation ce *puff* belliqueux.

Dans un de ses transports d'inspiration poétique, le saint homme Job fut frappé de la beauté d'images qu'offrirait le cheval guerrier, et enfanta cette brillante fiction : « Ses naseaux soufflent l'épouvante; de son « pied il creuse impatiemment la terre ; il piaffe et

I.

« ronge le frein qui enchaîne son audace ; il se préci-
« pite au-devant des bataillons ; inaccessible à la peur,
« il se plaît à affronter les glaives menaçants ; l'éclat et
« le cliquetis des carquois, des lances et des boucliers
« ne font que l'animer davantage ; il respire avec ivresse
« l'odeur lointaine de la guerre, tressaille aux com-
« mandements des chefs et aux cris des soldats ; il
« écume, il frémit, il dévore l'espace ; la trompette
« sonne, il dit : Allons ! » (*Job*, ch. XXXIX.)

C'est magnifique, comme poésie ; mais au lieu de se
contenter d'admirer ce morceau sous le rapport littéraire, on prit au sérieux la fantaisie du lyrique Job.
Tous les faiseurs de strophes qui vinrent après lui
s'emparèrent de ce canevas si facile à broder, et l'o-
pinion populaire adopta définitivement le type du
cheval *grognard*.

E. Giraud

On nous objectera sans doute que le cheval est bien
réellement un animal guerrier, puisque de tout temps
il a été l'un des éléments les plus essentiels des opé-

rations militaires, et qu'on ne saurait contester la part active et brillante qu'il prend aux dangers et à la gloire des combats. D'accord ; nous ne discutons pas l'effet, mais seulement la cause; et nous croyons pouvoir affirmer que le cheval est brave... par peur.

Encore une fois, nous demanderons s'il est possible d'admettre logiquement qu'un animal dont les allures sont toujours si craintives, qui se cabre devant des épouvantails fantastiques, soit doué des qualités constitutives d'un tempérament de héros. Il faut donc chercher une explication plus rationnelle à sa vaillance de rencontre sur les champs de bataille, nous la trouvons dans la nature essentiellement nerveuse du cheval. Le bruit, la fumée, le retentissement des armes l'agitent, l'étourdissent, et la frayeur l'excite à se précipiter en avant. C'est de l'ardeur de borborygmes, de l'intrépidité d'épouvante.

Ajoutons à cela l'entraînement mécanique et irrésistible de la charge par escadrons. Mais interrogez les cavaliers de troupes légères qui se sont trouvés postés isolément en tirailleurs. Demandez-leur comment le cheval, naturellement si brave, si amoureux du fracas et des périls guerriers d'après MM. Job, Buffon et autres écrivains à la suite, se comporte en ces sortes de circonstances. Ils vous diront les tremblements convulsifs que lui cause le sifflement des balles, et les efforts continuels auxquels il faut se livrer pour empêcher ce quadrupède héroïque de tourner la queue à l'ennemi.

Le cheval, dit-on encore, se complaît instinctivement à l'odeur de la poudre, à la vue et au bruit des armes. Il suffit d'avoir vu, soit dans les casernes, soit dans les manéges, exercer des chevaux aux coups de pistolet, pour se convaincre combien il est difficile de développer en eux ce goût *naturel*.

DEUXIÈME PRÉJUGÉ.

Le cheval sentimental.

Par une aberration non moins étrange, on s'est plu à faire du cheval un être sensible comme un héros des contes émollients de M. Bouilly.

Ce préjugé, de même que celui de l'humeur bravache, remonte à un poëte de l'antiquité. Homère, dans l'*Illiade,* ayant fait pleurer les chevaux d'Achille, les imitateurs s'empressèrent à l'envi d'exploiter cette mine ou plutôt ce robinet poétique. Dans l'*Énéide,* OEton, le cheval du jeune Pallas, suit les restes mortels de son maître en humectant ses yeux de grosses larmes, *grandibus guttis ;* — dans Racine, les chevaux d'Hippolyte, *l'air morne et la tête baissée, semblent se conformer à sa triste pensée.* — Dans tous les tableaux ou descriptions de convois guerriers, le cheval de bataille est représenté avec une attitude qui fait le plus grand honneur à sa sensibilité. Qui ne connaît la lithographie de M. Horace Vernet, où le cheval du trompette se la-

mente d'une façon si touchante sur le corps de son cavalier? Ce serait le cas de s'écrier à la façon de M. de
Chateaubriand : « On s'est étonné de la quantité de
larmes que peut contenir l'œil d'un cheval. »

Nous savons que ces fictions poétiques n'ont pas été
prises tout à fait à la lettre ; mais il n'en est pas moins
resté cette croyance que le cheval est parfois susceptible d'émotions tendres. Or, en réalité prosaïque, le
cheval est sentimental comme une règle de trois,
impressionnable comme un coffre-fort de banquier.

TROISIÈME PRÉJUGÉ.

Le cheval coryphée de dévouement.

Le cheval, dit-on proverbialement, connaît son
maître ; il l'aime et s'y attache. Oui, cela est vrai, mais
dans le sens seulement de l'amour et de l'attachement
d'une certaine classe de courtisans pour leurs souverains. D'un côté, ces sentiments tiennent au budget,
de l'autre, au râtelier.

Que le propriétaire ou les dynasties changent, les
deux espèces de dévouement, bipède et quadrupède,
resteront immuablement hypothéquées sur le trésor
public et le picotin.

QUATRIÈME PRÉJUGÉ.

Le cheval dilettante.

Le cheval a été cité de tout temps comme ayant une
organisation harmonique ; on prétend qu'il piaffe et s'a-
nime aux sons d'une musique guerrière. Sans parler
de l'aide que l'éperon peut prêter à la cadence, nous
dirons que ce n'est point la mélodie, mais uniquement
le bruit qui donne au cheval cet air épanoui et connaisseur d'un habitué du balcon des Bouffes. La preuve,
c'est que l'effet sera le même, soit que l'on joue à ses

oreilles de la musique de Rossini, soit qu'on le régale
d'un solo de chaudrons ou d'une symphonie de M. Ber-
lioz.

CINQUIÈME PRÉJUGÉ.

Les moyens d'éducation des chevaux.

Ici, nous avons à signaler une double inconséquence:
tandis que, d'un côté, on attribuait spéculativement au
cheval les qualités les plus exquises de l'intelligence
et du sentiment, on s'est constamment habitué à le
traiter dans la pratique comme une brute inerte et
comme une machine. Il nous suffira de signaler quelques-uns des moyens indiqués comme les plus propres
à le dompter et à faire son éducation. Ainsi MM. de la
Broue et de Pluvinel (écuyers du temps d'Henri IV et
de Louis XIII) recommandent de « corriger et mena-

« cer *à voix furieuse* un cheval qui partirait *à la despe-*
« *rade* ; — de le frapper à grands coups de nerf de bœuf
« sur la tête pour l'étourdir; — de lui jeter son man-
« teau sur les yeux : — de lui mettre les deux molettes
« dans les flancs jusqu'à ce que l'animal, hors d'ha-
« leine, tombe de fatigue et d'épuisement; — de le
« pousser dans un précipice pour lui apprendre à s'ar-
« rêter par l'effroi du danger, etc., etc. » Un autre Féné-
lon de l'espèce chevaline, Jean Taquet, écuyer du
même temps, va plus loin ; il conseille « d'arracher
quatre dents au cheval afin de lui placer avec plus de
justesse le mors dans la bouche. »

Lorsque M. Baucher parut pour la première fois en
public et fit exécuter à *Partisan*, à *Capitaine*, à *To-*

paze un travail à la fois si étonnant de difficulté et si
gracieux, le même préjugé béotien et contradictoire

dont nous parlions tout à l'heure fut cause que l'on attribua d'abord ce travail, non à la science et à l'habileté de l'équitation, mais à des moyens mécaniques ou à des expédients de ménagerie. Ainsi les uns prétendirent que l'on avait habitué *Partisan* à lever les jambes en les lui attachant préalablement à une corde passée dans une poulie; d'autres soutinrent que les

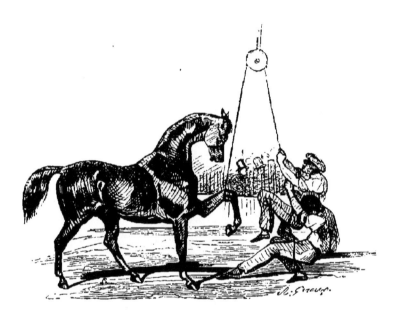

chevaux de M. Baucher manœuvraient d'après l'orchestre, qu'ils obéissaient, non pas aux jambes et à la main du cavalier, mais au cornet à piston et à la grosse caisse.

Le plus grand nombre vit tout simplement dans le célèbre écuyer un émule des Martin et des Carter. On supposa qu'il leur avait emprunté quelques-uns des moyens dont ces dompteurs de bêtes sauvages sont présumés se servir.

Quant aux chevaux savants, gastronomes, etc., que l'on voit au Cirque-Olympique, il circule sur la façon dont on s'y prend pour les dresser une foule de contes fantastiques. L'opinion la plus accréditée est qu'on y parvient à l'aide de la privation de sommeil et de nourriture. Erreur; pour dresser un cheval en liberté et lui faire exécuter ces tours, en apparence si merveilleux, il ne faut que du tact, de la patience, une chambrière (fouet de manège) et beaucoup de sucre. Le sucre, employé comme récompense, est le meilleur moyen d'assouplir un cheval aux volontés de son instructeur; aussi s'en consomme-t-il énormément pour ces sortes de leçons. Nous ne serions pas étonné qu'après avoir ému les raffineries indigènes et les ports de mer, l'ajournement de la question sucrière causât une émeute dans les écuries du Cirque-Olympique.

Parfois, cependant, les scènes hippiques ne sont qu'une affaire de charlatanisme; en voici un exemple. Dans un mimodrame représenté il y a quelque dizaine d'années au Cirque-Olympique, et intitulé *Gérard de Nevers*, le héros était vivement épris des charmes d'une belle châtelaine, et éprouvait des traverses dans ses amours. Or, par suite de cette fausseté conventionnelle dont nous avons déjà parlé, et qui, au théâtre, s'applique à tout, aussi bien aux mœurs de chevaux qu'aux caractères d'hommes, le cheval du seigneur Gérard devait être censé partager les peines de cœur de son maître. Celui-ci donnait ordre de débrider sa monture et de lui présenter un picotin d'avoine. Inutile d'ajouter qu'il était dans le rôle du coursier de refuser dédaigneusement cette nourriture matérielle. Est-ce qu'au théâtre on songe à manger lorsqu'on éprouve des chagrins d'amour?

En effet, le cheval de Gérard se détournait mélancoliquement de l'avoine, et les spectateurs de s'extasier sur la sensibilité de ce bon quadrupède. Bien qu'il nous en coûte de détruire d'aussi douces illusions, nous révélerons par quel moyen était obtenu ce mouvement attendrissant. Le fond de la mangeoire à claire-voie dans laquelle le picotin d'avoine se présentait était hérissé de clous d'épingle... On conçoit quel aide ces pointes devaient prêter au sentiment.

II

LE CHEVAL SERA DÉSORMAIS UNE VÉRITÉ.

On nous aura peut-être accusé d'avoir, dans le chapitre précédent, cherché à dépoétiser le cheval et à lui enlever les illusions et les prestiges qui en font le plus bel ornement. Certes, en agissant ainsi, nous n'avons point été animé par une intention dénigrante, car nul plus que nous n'admire ce noble et précieux animal; seulement nous avons voulu le présenter tel que l'a fait la nature. En lui enlevant les qualités *chauvines* et sentimentales dont on l'avait affublé jusqu'à ce jour, nous sommes persuadé qu'il n'en restera pas moins beau *au moral*, de même qu'il est loin de perdre au physique, lorsqu'il se montre dans sa simplicité naturelle, débarrassé de housses, de pompons, de plaqueries, de rubans et autres oripeaux d'emprunt.

Le cheval, tel que le peignent les préjugés que nous avons cherché à détruire, serait la doublure du caniche, et la nature ne fait pas de pléonasmes.

Sans doute, le cheval est doué d'une certaine intelligence, mais cette intelligence n'a point l'étendue et la subtilité exagérées qu'on lui a trop souvent attribuées. S'il en était ainsi, ce serait un puissant argument contre la base générale du système de Gall. En effet, le cheval, cet animal dont la tête et le corps sont matériellement si développés, n'a qu'une cervelle très-mince et qui n'est guère plus grosse que celle d'un chien de Terre-Neuve.

Comme appréciation réelle et positive des qualités *intellectuelles* du cheval, nous croyons devoir nous en référer à M. Baucher, l'homme qui, d'après le parti qu'il a tiré de cet animal, doit être réputé l'avoir parfaitement étudié et connu : «Le cheval, dit-il, a la perception, « comme il a la sensation, la comparaison et le souve-« nir; il a donc le jugement et la mémoire, il a donc « l'intelligence. Voilà pourquoi le cavalier doit ne point « agir en aveugle sur son cheval et ne pas oublier que « chacun de ses actes influe aussitôt, non-seulement sur « le sens physique, mais aussi sur la mémoire de l'ani-« mal. D'autre part, j'ai vu que le cheval apprécie les « bons et les mauvais traitements ; qu'il reconnaît l'ha-« bileté ou l'incapacité de son cavalier ; qu'il discerne « ses fautes propres de celles qu'on lui fait faire. J'ai « vu que ses bonnes ou mauvaises qualités dépendent « autant des circonstances de son éducation que de son « naturel, et j'en ai conclu qu'il faut le dominer, mais « seulement par une supériorité d'intelligence, et en « lui faisant sentir que ce qu'on exige de lui est le « moyen le plus propre pour arriver à tel ou tel but. » (*Dictionnaire raisonné d'équitation.*)

M. Baucher s'est convaincu que, chez le cheval, le physique domine ou tout au moins dirige le moral; voilà pourquoi il a posé ce principe si juste et si fécond en équitation, que *la position doit toujours précéder le mouvement;* en d'autres termes, qu'il faut avoir soin de disposer et de placer préalablement son cheval de fa-

çon à ce qu'il ne puisse manquer de comprendre d'a-
bord et d'exécuter ensuite tout naturellement le mouvement qu'on lui demande. Les châtiments ne doivent
arriver qu'à propos, et comme *ultima ratio* de la démonstration. M. Baucher a déduit du principe ci-dessus
cette maxime neuve, mais peu consolante, que, dans
toutes les altercations, oppositions, voire séparations
qui peuvent survenir entre l'homme et le cheval, LE
TORT EST TOUJOURS DU COTÉ DU CAVALIER.

Cette maxime devrait être affichée en gros caractères dans tous les manéges, dans toutes les écuries,
et sur tous les poteaux du bois de Boulogne. Elle est ri
goureusement vraie; car si le cheval n'obéit pas, c'est
que l'homme, chargé de le diriger, n'a point employé
les moyens convenables pour obtenir l'obéissance, ou,
le plus souvent même, a usé de moyens directement
contraires. Si l'on réglait et balançait équitablement les
comptes entre les deux parties, quelle effrayante resti-
tution de saccades, de coups d'éperons, de fouet, de
cravache, les chevaux n'auraient-ils pas à faire aux
cavaliers ?

2.

III

IMPORTANCE ET UTILITÉ DU CHEVAL SOUS LE RAPPORT GALANT, — SANI
TAIRE, — POLITIQUE, — ET COMME MOYEN D'ENTRETENIR L'AMITIÉ.

—

Du cheval sous le rapport galant.

Les moralistes ont reconnu qu'un cavalier bien
tourné, caracolant avec grâce sur un joli cheval, n'est
pas sans quelques chances d'attirer les regards de la
plus belle moitié du genre humain. Beaucoup de cœurs,
dit-on, ont été enlevés au petit galop.

Ce moyen de séduction était connu et pratiqué surtout dans les temps chevaleresques. Lisez les chroni-
ques galantes de la féodalité, jetez les yeux sur les anciens tableaux : que de fois ne voit-on pas une sensible
châtelaine attendant du haut d'un balcon son chevalier
qui arrive par la longue avenue, monté sur un gracieux et fringant coursier d'Espagne ? L'amoureux cavalier ne se hâte point de franchir l'espace qui le sé

pare de sa belle; s'affermissant sur les étriers, il se donne le temps de déployer tous ses avantages équestres; il fait exécuter à son destrier les courbettes les plus séductrices, le piaffer le plus fascinateur. La preuve que l'on comprenait alors toute l'importance de la belle équitation en matière de sentiment, c'est que tous les don Juan de ce temps avaient adopté la mode des rendez-vous à cheval.

Dans les tournois, les carrousels, les courses de bagues et autres divertissements du moyen âge, qui tous avaient pour but d'obtenir les applaudissements des

dames, le cheval jouait également un grand rôle comme aide de séduction. Les yeux de la galerie se fixaient de préférence sur les habiles et hardis cavaliers. Les Lovelaces des treizième et quatorzième siècles avaient inventé, afin de mieux faire briller leurs grâces équestres et d'assurer plus sûrement leur galant triomphe, une foule d'exercices de manége très-compliqués, et qui aujourd'hui ne sont plus connus que de nom, tels que *la passade, la pesade, la croupade, la ballottade, la capriole*, etc. Bref, lorsqu'on voyait un page ou un jeune baron apprendre avec une infatigable ardeur à monter à cheval, on pouvait presque dire avec certitude qu'il était amoureux.

Depuis, la séduction à pied a été beaucoup plus généralement usitée que la séduction à cheval. Celle-ci cependant n'a point été considérée comme déchue de son efficacité accessoire et préparatoire. Mais on peut dire qu'ici surtout, la roche Tarpéienne est voisine du Capitole. Il faut que le dandy qui prétend attirer les regards en caracolant à côté des calèches, ou le long des allées latérales des Champs-Élysées, soit bien certain de son aplomb sur sa selle, car la moindre gaucherie de maintien, un air effaré, un déplacement, lorsque surviennent des défenses ou des sauts de gaieté du cheval, suffisent pour présenter un cavalier sous un aspect ridicule (1).

Nous citerons, à l'appui de cette observation, l'anecdote suivante. Une jeune et belle miss irlandaise, qui depuis est devenue l'épouse d'un prince du sang royal, habitait Paris en 1834. Un de nos lions les plus fashionables paraissait avoir l'intention de lui adresser ses hommages. Miss P*** était une intrépide écuyère, et un vieux gentleman, son tuteur, qui voyait avec déplaisir les poursuites du lion parisien, imagina d'y mettre un terme au moyen d'une ruse équestre. Le Bartholo britannique invita notre lion à une promenade à cheval avec sa pupille, et une fois arrivés à l'entrée des Champs-Elysées, il mit les chevaux aux grandes allures. Les pur-sang anglais de la jeune miss et du tuteur ne tardèrent pas à dépasser le troisième coursier d'une race inférieure. Cet animal, comme on devait s'y attendre, commença par s'inquiéter, se désunir, puis enfin s'emporta ; et bientôt l'infortuné lion passa de-

M. H.

(1) Madame Sophie Gay, dans sa *Physiologie du Ridicule*, met au nombre des objets qu'il est impossible de regarder sans rire, un cavalier qui va tomber.

vant ses compagnons, couché sur le cou de son cheval, se cramponnant aux crins, les étriers perdus, et dans un désarroi si grotesque, que la belle miss ne put retenir un éclat de rire. Le vieux tuteur aussi s'épanouit dans sa barbe ; il savait bien que l'homme dont on a ri une fois ne saurait plus être dangereux.

Du cheval sous le rapport sanitaire.

On n'apprécie point assez généralement l'utilité de l'exercice du cheval comme moyen d'entretenir la santé. Ce fait pourtant est incontestable et proclamé par les médecins de tous les temps, à commencer par Hippocrate. D'autres docteurs anciens, et notamment Antyllus, Aëtius, Avicenna, Suetonius, parlent sur ce point dans le même sens que le célèbre auteur du *Chapitre des chapeaux*.

Le docteur Sydenham va même si loin dans son enthousiasme pour l'équitation, envisagée sous le point de vue thérapeutique, qu'il s'écrie : « Si quelque médecin « possédait *un remède aussi efficace que l'est l'exercice du* « *cheval, répété souvent*, et qu'il voulût en faire un se- « cret, il pourrait aisément amasser de grandes ri- « chesses. » (SYDENHAM, *Tractatus de podagris*, p. 591.)

Enfin nous lisons dans *la Gymnastique médicale*, publiée par un médecin contemporain, M. Charles Londe : « L'exercice du cheval communique aux organes la « force dont ils ont besoin pour s'acquitter convena- « blement des fonctions qui leur sont confiées, régula- « rise, si je puis m'exprimer ainsi, tous les actes de la « vie, sans trop les accélérer. C'est cette propriété to- « nique par excellence qui rend cet exercice si avanta- « geux aux personnes faibles, aux convalescents, et « surtout *aux gens de lettres*. Ils y trouveront un moyen « très-propre à opposer aux dangers de leur genre de « travail sédentaire, etc., etc. » Nous livrons ces conseils du savant docteur aux méditations de nos con-

frères, et nous serions heureux de contribuer à mettre
bientôt toute la littérature à cheval.

Ce qui atteste d'ailleurs l'excellence de l'équitation
comme moyen d'assurer la longévité, c'est que les
écuyers parviennent généralement à un âge fort avancé
et exempt d'infirmités. Nous avons été à même de nous
en assurer par des observations contemporaines et en
compulsant la biographie des anciens écuyers. Bien
que l'histoire n'en dise rien, nous offririons de parier
que Mathusalem montait fort souvent à cheval.

Du cheval sous le rapport politique.

L'influence politique du cheval date de fort loin.
En voici la preuve :
Il était une fois un roi. ..., c'est-à-dire, nous nous

trompons, il n'y avait pas du tout de roi en Perse. Le
trône demeurait vacant par suite du manque total de
postérité du défunt et dernier monarque. On jugeait
urgent de pourvoir à cette vacance, mais on était embarrassé sur le choix des moyens. Les aspirants à la
couronne imaginèrent un singulier expédient. Il fut
convenu qu'ils se rendraient le lendemain à cheval, au
lever de l'aurore, dans une prairie, et que là, le premier dont la monture hennirait, serait proclamé roi,
comme le plus digne.

L'un des princes persans qui devaient prendre part
à ce *couronne-chase*, Darius, fils d'Hystaspe, s'entretenait
le soir avec son groom de l'envie qu'il avait de gagner
loyalement le trône et lui demandait s'il n'y aurait pas
moyen d'employer quelque bonne ruse pour y parvenir. Le groom, qui se rappela fort à propos que son
maître, seul entre les concurrents, montait un cheval
entier, lui dit de se rassurer et qu'il se chargeait de
rendre son triomphe infaillible. En effet, le lendemain,
il eut soin de placer une cavale près de l'endroit du
rendez-vous où devaient se décider les destinées gouvernementales de la Perse. Le pur-sang de Darius fit
entendre un hennissement prolongé qui tint lieu d'ac-
clamations unanimes, et le fils d'Hystaspe reçut la
couronne du pied de son cheval.

Du cheval comme moyen d'entretenir l'amitié.

Nous entendons par là, dans le sens proverbial, le
cheval servant à faire de petits cadeaux. Or, les chevaux ont rempli cette spécialité dès les temps primi-
tifs. S'il faut en croire le *Voyage du jeune Anacharsis*, il
était de mode en Thessalie que les jeunes fiancés of-
frissent à leurs futures un cheval comme présent de
noces. Il est probable qu'alors les corbeilles de mariage
n'étaient pas inventées.

Ce sont surtout les rois et les chefs des nations qui étaient dans l'usage de s'offrir réciproquement des cadeaux de coursiers plus ou moins arabes. Cet usage s'est conservé jusqu'à nos jours. Mais à cette époque pacifique, on a renoncé à ces hommages de chevaux, probablement parce que le cheval est un symbole trop belliqueux. On les a remplacés par des animaux plus insignifiants, plus inoffensifs, plus pot-au-feu. C'est ainsi qu'en 1834 la cour d'Angleterre offrit à la cour des Français douze petits cochons chinois. Et tout récemment, la reine Victoria a fait présent au roi de Prusse de deux gigots de mouton.

Nous disons qu'aujourd'hui les cadeaux de chevaux sont généralement supprimés entre gouvernements, car nous ne comptons point pour tels ce qu'Abd-el-Kader nous adressa en 1837. On se rappelle encore le rire homérique qu'excita le défilé des quarante ou cinquante rossinantes algériennes, si déplorablement essoufflées, fourbues et décharnées. Certes, ce n'était point là de la munificence amicale, c'était une dérision, nous ne dirons pas en chair, mais en os.

IV

Selon Virgile, ce furent les Lapithes (1) qui, les premiers, eurent la hardiesse de s'aventurer sur un cheval :

> Le Lapithe, monté sur ces monstres *farouches*,
> A recevoir le frein accoutuma leurs bouches,
> Leur apprit à bondir, à cadencer leurs pas,
> A gouverner leur fougue au milieu des combats.
>
> (DELILLE, trad. des *Géorgiques*, liv. III.)

Suivant Lucain, ce furent les Magnètes, peuple de Thessalie. Pline, au contraire, attribue l'honneur de l'invention à Bellérophon, fils de Glaucus. Quoi qu'il en soit, il est certain que l'usage du cheval remonte aux temps les plus reculés et qu'on en connaissait dès lors

(1) Ces mêmes Lapithes, par leur hardiesse et leur solidité à cheval, ont donné naissance à la fable des Centaures.

non-seulement l'utilité, mais encore les raffinements.
Qui ne sait que les courses de chevaux étaient un des
plaisirs favoris de la Grèce antique? Athènes et Olympie
avaient leur Jockey-Club.

Beaucoup de nos lecteurs ignorent peut-être que
l'auteur du premier traité d'équitation fut le héros
commentateur de la *Retraite des dix mille*, Xénophon,
qui cumulait les qualités d'historien, de philosophe,
de grand capitaine et d'habile écuyer. Cet ouvrage,
publié 450 ans avant l'ère chrétienne, renferme des détails très-curieux sur l'équipement du cheval et du
cavalier, les moyens de dressage, la manière de monter
et de combattre à cheval chez les Grecs. Le *Traité*

d'équitation de Xénophon a été traduit plusieurs fois en
français, notamment par Dupaty de Clam (écuyer du
temps de Louis XV), par M. Gail et par le célèbre pam-
phlétaire Paul-Louis Courier. Inutile de dire que la
traduction de ce dernier ne laisse rien à désirer sous
le rapport littéraire, mais les nombreuses erreurs d'in-
terprétation qu'elle contient dans la partie technique

de l'équitation tendraient à faire croire qu'à l'époque où
Paul-Louis servait dans l'artillerie à cheval, la lecture
de ses classiques chéris , ainsi que les méditations politiques, lui avaient fait considérablement négliger l'étude
de sa *théorie du cavalier*. Enfin, tout récemment, Xénophon a rencontré un interprète complet dans M. le
baron de Curnieu, savant helléniste et homme de che-
val-des plus distingués, aussi ferme sur le grec que
sur sa selle.

Au temps de Xénophon et beaucoup plus tard, on
montait à cheval, soit à poil, soit avec une simple
housse. La selle ne fut inventée que sous le Bas-Em-
pire. On raconte que l'empereur Constantin le jeune
voulut faire l'essai de cette nouvelle invention, mais mal
lui en prit. Sa Majesté, ne retrouvant plus son assiette
accoutumée, tomba de cheval et se rompit le cou.

Le moyen âge ne nous a laissé aucun écrit sur l'é-
quitation, mais depuis cette époque les ouvrages théo-
riques de ce genre ont abondé. Et ce qui devait causer
un grand embarras aux amateurs qui cherchaient à
puiser leur éducation équestre à cette source, c'est que
les écuyers auteurs posaient chacun des principes dia-
métralement opposés. Le manège offrait alors un fac-
similé de la cour du roi Pétaud. Pourtant les anciens
maîtres s'accordaient sur un point, qui peut paraître
aujourd'hui assez baroque, à savoir : qu'on ne devait
pas s'asseoir sur son cheval. Ainsi, Xénophon le premier avait dit : « Une fois monté, soit à poil, soit sur
« un cheval tout équipé, je ne veux pas qu'*on soit assis*
« *comme sur un siége,* mais droit comme si l'on était de-
« bout, les jambes écartées. » M. de Pluvinel (1618) posait ce principe analogue : « Le cavalier doit chercher le
« fond de sa selle, sans presque en toucher que le mi-
« lieu, se gardant bien de rencontrer l'arçon de der-
« rière, de *crainte de s'y asseoir*, car il faut qu'il soit
« droit comme s'il était sur ses jambes. »

Enfin, M. le duc de Newcastle (1660) était encore plus affirmatif. « Lorsque le cavalier, disait-il, est dans sa « selle, il doit seoir droit sur l'enfourchure et non sur « les fesses, *que d'aucuns croient à tort être faites pour* « *s'asseoir.* » (Citation textuelle.)

On conviendra qu'alors la position d'un cavalier devait être singulièrement fatigante et monotone.

Disons cependant, pour expliquer ce que peut avoir d'inconcevable aujourd'hui cette invention de l'homme debout sur son cheval, qu'elle avait son motif, du moins en ce qui concernait l'équitation militaire, dans la nécessité d'être posé de manière à pouvoir résister au choc des lances. De plus, le chevalier, enfermé dans son armure de fer, eût été hors d'état de déployer la

5.

souplesse d'articulations nécessaire pour s'asseoir. Cela
est si vrai, qu'il lui était impossible même de lever la
jambe pour monter à cheval. On construisait devant la
porte des hôtels et des castels du moyen âge une plate-
forme avec escaliers, appelée *montoir*, d'où le chevalier
était glissé tout d'une pièce sur son coursier. Le montoir
faisait partie des priviléges réservés à la noblesse. On
en voit encore un devant la façade d'un hôtel de la
vieille rue du Temple.

La sottise des écuyers professeurs du temps était
donc seulement d'avoir fait d'un cas particulier un
principe général, et imposé à tous ceux qui montaient
à cheval, même pour leur agrément, une attitude qui
devait leur occasionner d'horribles crampes.

Enfin, en 1749, un écuyer vint, Gaspard de Saunier,
qui voulut bien permettre aux cavaliers de s'asseoir.

Sous l'ancienne monarchie, l'équitation était en
haute faveur et en grand honneur. On comptait à Paris

et dans les principales villes de France plusieurs manéges, alors appelés *Académies d'équitation*, protégés et
subventionnés par le gouvernement, et placés sous la
direction du grand écuyer de France. Louis XIV avait
fondé l'école royale de Versailles, où l'on comptait cinq
à six cents chevaux de toutes les races et de tous les
pays. L'équitation était considérée , on peut le dire ,
comme la partie la plus essentielle de l'éducation, surtout pour la noblesse. Nombre de gentilshommes de
la plus haute volée, tels que M. le duc de Richelieu ,
croyaient pouvoir se dispenser d'apprendre l'ortho-
graphe, mais non d'apprendre à monter à cheval.

Dans la maison du roi, les places de la grande écurie
appartenaient exclusivement à l'aristocratie ; les chefs
des manéges ou académies, soit à Paris, soit dans les
principales villes de France , devaient être gentilshommes (1) ; et prenaient le titre d'écuyers du roi. De
même, il faut croire que la science équestre faisait partie des priviléges de la noblesse, car tous les hommes
de cheval célèbres de ce temps-là sont titrés ; il nous
suffira de citer MM. de Labroue, de Pluvinel, Dupaty de
Clam, Montfaucon de Rogles, de Bois-d'Effre, de Nestier,
de la Guérinière, etc., etc (2). Bien monter à cheval,
était un titre infaillible à la célébrité. Sous le règne de

(1) Ceux des écuyers qui étaient roturiers se considéraient
comme gentilshommes : on ne sait si cela était de tolérance ou
de droit. Nous voyons dans une biographie contemporaine d'un
écuyer déjà cité « qu'il s'appelait Gaspard Saunier, mais qu'il
signait DE Saunier, *pour se conformer à l'usage.* »

(2) Les écuyers actuellement en réputation et qui dirigent des
manéges à Paris, sont MM. Baucher, Jules Pellier, d'Aure,
O'Gherty, Langlois, Pellier oncle, Leblanc ainé, Baucher fils,
Hippolyte, Lecornué, Bellanger, Boutard, Weber, Lattry, Konz-
mann, Aubert, Fitte, etc. On cite particulièrement dans l'équitation militaire MM. le marquis Oudinot, de Pointe, Tartas, de
Novital, de Rochefort, Caccia, etc.

Henri II, le duc de Nemours était partout cité à cause
d'un tour de force équestre qu'il avait exécuté plus d'une
fois en descendant au grand galop les degrés de la

Sainte-Chapelle, à Paris, sur un roussin nommé *le Réal*.
Le prince de Lambesc, qui n'est connu aujourd'hui que
par sa charge de dragons allemands sur la terrasse des
Feuillants, le 12 juillet 1789, avait acquis une réputation
dans la société d'alors, à cause de la recherche exquise
de sa tenue de manége et de l'art avec lequel étaient
chaussés les éperons de ses bottes à l'écuyère.

Napoléon voulut, lui aussi, conserver à l'équitation son
ancienne spécialité aristocratique. Il n'accorda le titre
d'écuyers de sa maison qu'à des généraux de brigade ou
à des gentilshommes de vieille souche, et il choisit pour
chef du manége impérial M. le marquis de Sourdis.

Après avoir brillé d'un si vif éclat, l'équitation est
tombée de nos jours dans une complète décadence. Aux
dieux et à tant d'autres choses qui s'en vont, on a pu
ajouter les chevaux et les écuyers.

L'école royale de Paris a été supprimée en 1828, et

celle de Versailles en 1830. Grâce au progrès de l'anglomanie, l'équitation a été presque généralement dé-
laissée et ridiculisée comme parfaitement inutile. On a
proclamé en principe que l'homme monte à cheval de
naissance, et le groom anglais est devenu le modèle du
parfait cavalier. Nos promeneurs fashionables du bois
de Boulogne ont adopté comme le *nec plus ultrà* de la
grâce et de l'élégance à cheval une tenue assez semblable à celle d'un ⊱ couché.

J. GUILLAUME. SC.

Pourtant, au milieu de cette indifférence publique,
un homme consacrait vingt années de sa vie non-seulement à restaurer l'équitation, mais encore à lui ouvrir
de nouvelles voies; nous avons nommé M. Baucher. Ce
célèbre écuyer, en découvrant une méthode basée sur
des principes entièrement neufs, est parvenu à faire
d'un art avant lui conjectural et contradictoire, dans
lequel l'habileté dépendait presque exclusivement des
dispositions individuelles, une science raisonnée et
précise. M. Baucher, comme tous les créateurs, n'a d'a-
bord rencontré que des sceptiques ou des incrédules;

mais il a imité le philosophe de l'antiquité avec une légère variante; on niait devant lui le mouvement flexible et régulier du cheval; — il a piaffé.

Il n'entre ni dans notre cadre ni dans nos intentions de développer ici en quoi consiste la supériorité et l'excellence de la nouvelle méthode Baucher. Et d'ailleurs ce serait aujourd'hui chose superflue; les exercices publics de ce maître au cirque des Champs-Elysées se sont suffisamment chargés de la démonstration. Nous nous contenterons de dire que l'un des principaux avantages de cette méthode, c'est d'enseigner des moyens prompts et infaillibles de tirer parti de tous les chevaux, même de ceux dont la construction est la plus défectueuse et la plus vulgaire. M. Baucher a appris à se passer au besoin de la noblesse de race; il a réhabilité le cheval *vilain*; et, sous ce rapport, on peut dire que c'est un écuyer démocratique.

Afin d'aider, autant qu'il est en nous, à faire renaître parmi nos jeunes compatriotes le goût de l'équitation, nous terminerons ce chapitre par la citation suivante empruntée au dernier ouvrage de M. Baucher : « Lorsqu'on « pratique l'équitation avec conscience, avec discerne- « ment, avec amour enfin, que de compensations ne « puise-t-on pas dans le travail lui-même . Que de vives « satisfactions, que d'instants délicieux pour l'écuyer ! « Quel noble interprète il rencontre dans cet intéressant « ami de l'homme ! Quelle *intimité pleine de charmes* . « *que de conversations vives, piquantes et instructives !* » Les profanes ne verront peut-être dans ce tableau qu'une exagération poétique, mais nous confirmerons sa réalité, nous qui, en notre qualité de disciple indigne de M Baucher, avons pu goûter le plaisir de ces *conversations intimes* vantées par le maître, — imparfaitement à la vérité, attendu qu'il ne nous arrivait pas souvent de pouvoir nous mettre d'accord avec notre interlocuteur quadrupède.

E. GIRAUD

V

L'ART DE MONTER A CHEVAL ENVISAGE DANS SES RAPPORTS AVEC L'ART DE GOUVERNER.

Un écuyer des anciens jours, auteur d'un ouvrage publié en 1836, M. Aubert, après avoir comparé douloureusement l'éclat passé de l'art avec son délaissement actuel, s'écrie : « Jadis, dans le beau temps du ma-« nége d'académie, un souverain ou un général d'ar-« mée ne passait jamais une revue que sur un cheval « marchant au passage (pas cadencé) et au piaffer. » Cette remarque nous parait avoir une haute portée politique ; il est clair que si, de nos jours, la grandeur a perdu quelque peu de son prestige ; si, dans les circonstances solennelles, l'enthousiasme et l'admiration populaires n'éclatent pas en transports aussi bruyants et aussi unanimes qu'autrefois, c'est sans doute parce que les gouvernements ne piaffent plus.

On ne se figure pas assez à quel point un *ordre de choses* bien à cheval s'élève aux yeux de la foule; — combien, en se montrant ferme sur ses étriers, il se raffermit en même temps d'ailleurs; — combien un pas vif, brillant, cadencé, peut aider à la marche des affaires politiques. Il vaudrait peut-être mieux s'attacher à avoir des chevaux que des hommes d'État bien dressés.

Sous l'ancienne monarchie, l'équitation étant, comme nous l'avons déjà dit, une partie importante et obligée de l'éducation des princes et des grands seigneurs, et les hautes fonctions gouvernementales appartenant exclusivement à l'aristocratie, tous ceux qui arrivaient au pouvoir se trouvaient naturellement à même de jouir des avantages du prestige équestre. Ils n'avaient qu'à mettre le pied à l'étrier, et cela marchait tout seul.

Après la révolution de 89, les classes populaires saisirent les rênes de l'État d'une main habile, mais elles ne savaient pas même tenir les rênes d'un cheval. Beaucoup des nouveaux parvenus sentirent le besoin de compléter sur ce point leur éducation gouvernementale, mais il était un peu tard. Ainsi l'abbé Siéyès, ayant été élu di-

recteur, essaya vainement de trotter sur un cheval de

manége Il tombait comme ses plans de constitution.

Même chose était arrivée précédemment à Robespierre. Le redoutable conventionnel qui faisait trembler la France devant lui ne put jamais parvenir à se rendre maître d'un simple quadrupède. Après un mois de leçons et d'essais malheureux dans le parc de Mousseaux, force lui fut d'y renoncer et d'essayer de gouverner à pied. Qui sait si ce ne fut pas là une des causes principales du 9 thermidor?

Cette circonstance donna lieu à un fait tragi-comique assez peu connu. En 1793, le Cirque représenta pour la première fois la parade de *Rognolet*, le tailleur Gascon qui éprouve des tribulations si grotesques sur les chevaux. Cette farce fut dénoncée comme une allusion insultante aux mésaventures équestres de Robespierre. Le directeur fut mis en prison, et *Rognolet* faillit coûter la tête à M. Franconi père.

Avez-vous assisté, de nos jours, à un défilé de cortége officiel? Avez-vous entendu les rires et les quolibets qui saluent l'apparition de certains ministres, hissés sur un cheval de parade, et trahissant, par leur tenue, leur air effaré, la gaucherie et la frayeur de l'inexpérience. Puis arrivent, le lendemain, les petits journaux, qui font des gorges chaudes sur l'escadron des Excellences, et disent que les ministres n'ont pas, généralement, paru plus solides sur leur selle que sur leur portefeuille. C'est fâcheux ; tout sera compromis tant qu'une nation ne croira pas devoir respecter ses gouvernants à pied et à cheval.

VI

DE LA LITTÉRATURE CHEVALINE.

La bibliothèque des amateurs contient près de deux cents volumes d'ouvrages et de traités sur l'équitation. Le premier auteur de ce genre, depuis l'ère chrétienne, date du seizième siècle : c'est César Fiaschi, gentilhomme ferrarois, dont le livre parut en 1589. Son système avait cela de neuf et d'ingénieux qu'il reposait non sur l'emploi du mors, de la bride, des éperons, de la cravache, etc., mais sur l'emploi des notes de la gamme. Suivant lui, le chant et la musique étaient les meilleurs moyens pour dompter et dresser les chevaux ; ses élèves devaient passer par le solfége avant d'arriver à l'écurie ; son manége avait des dièses et des bémols à la clef.

Le traité d'équitation de César Fiaschi ressemble à un opéra comique ; les paroles y sont mêlées de chant. Pour chacune des diverses allures à exiger du cheval, il indique une espèce de cavatine notée de sa composition sur ces mots : *Ah ! ah ! ah ! ah !* Nous avons remarqué que les tons bas et médium sont consacrés à régler les allures ordinaires ; mais les gammes s'élèvent avec les difficultés. Les *ut* de poitrine sont réservés pour les galops cadencés.

Nous avons eu la curiosité de solfier ces mélodies de dressage du signor Fiaschi, et nous en avons été induit à penser que cet écuyer les chantait non pas comme moyen d'adoucir et de charmer sa monture, mais plutôt comme moyen de châtiment. C'est bien littéralement de la musique de cheval.

En France, notre plus ancien auteur d'équitation est M. de Labroue, écuyer du roi Henri IV. Puis vint M. de Pluvinel, qui nous a laissé un traité sous forme de dialogue entre lui et le jeune Louis XIII, dont il avait été chargé de faire l'éducation équestre. Cet ouvrage est accompagné de curieuses gravures du temps. A dater de cette époque, chaque écuyer tant soit peu renommé eut la prétention d'écrire et d'apporter sa pierre au monument équestre. Mais, comme nous l'avons déjà dit, vu la diversité et la contradiction de principes, il n'en résulta qu'une tour de Babel.

Parmi ces nombreux auteurs, M. de Montfaucon, et surtout M. de la Guérinière, sont ceux qui ont eu, pendant longtemps, le plus d'autorité et de réputation.

Les anciens ouvrages équestres sont, en général, remarquables par leur style naïf et bonhomme. M. de Pluvinel, par exemple, nous paraît avoir été un véritable la Fontaine en bottes fortes. Suivant lui, l'exercice du cheval est éminemment propre à *former l'esprit* et à développer toutes les vertus. Mieux que cela, il attribue à l'équitation un pouvoir qu'on pourrait appeler miraculeux, celui de faire entendre la vérité à l'oreille des rois ! « Sire (dit-il à son élève, le jeune « Louis XIII), il y a encore, en la cavaillerie, une « chose très-digne de remarque et très-nécessaire pour « les grands rois, c'est que la plupart des hommes, et « même ceux qui sont destinés à leur enseigner la « vertu, les flattent le plus souvent. Mais si, en cette « science, je voulois flatter V. M., j'aurois la honte qu'un « animal sans raison m'accuseroit de faux devant elle, « et par conséquent d'infidélité. C'est pourquoi, afin « que je n'encourre cet inconvénient, elle ne trouvera « mauvais, s'il lui plaît, que je lui dise la vérité. »

D'après cela, il semblerait que les rois et les princes ne sont flattés qu'à pied, jamais à cheval. Mais nous avons tout lieu de croire qu'en réalité il n'en est rien, et que, semblable au chagrin du poëte, l'adulation

> . . . . Monte en croupe et galope avec eux.

D'ailleurs, le bon Pluvinel prend soin de démentir lui-même sa maxime de franchise et d'austérité. Dans son ouvrage, il prodigue à son royal élève les éloges les plus emphatiques sur ses dispositions équestres, et il emploie d'ordinaire des formules comme celles-ci : « Si Votre Majesté daigne mettre son cheval au trot ; — Si j'osais supplier Votre Majesté de vouloir bien prendre le galop, etc. »

Au surplus, il n'y a pas lieu de rire ni de s'étonner de ces formules courtisanesques employées en 1618, lorsque, de nos jours, un chimiste célèbre, exécutant une expérience en présence du roi Charles X, s'exprima ainsi : « Sire, *si Votre Majesté veut bien le permettre*, ces deux corps *vont avoir l'honneur* de se combiner devant elle » (*Historique.*)

Revenons à la naïveté de la littérature chevaline.
Un écuyer qui écrivait en l'an 7 de la république, le
citoyen Charles Thiroux, après avoir exposé les principes de l'équitation à l'usage des femmes, part de là
pour s'écrier : « Épouses, mères, vous toutes qui mon-
« terez dorénavant d'après mes principes, jouissez de
« vos chevaux de promenade sans les craindre. Celui
« qui les donne, ces conseils dont vous profiterez, *c'est*
« *un époux toujours l'amant de son épouse, un père tou-*
« *jours l'ami de ses enfants. Il était patriote longtemps*
« *avant la fondation de notre république française, et il*
« *mourra content et satisfait* d'avoir coopéré à ce que
« vos promenades à cheval ne soient plus un deuil pour
« vos familles. »

A propos de l'équitation des dames, cette spécialité de
l'art a donné naissance à la galanterie et au madrigal
équestres. Pour en donner une idée, nous citerons le
passage suivant d'un ouvrage publié, en 1817, par M. le
chevalier de Pons-d'Hostun, et dédié au *beau sexe.*
« Fier de porter l'homme qui le dompte avec vigueur,
« quel ne sera pas son amour-propre (du cheval) lors-
« qu'il sera dirigé *par la douceur des grâces.* Le cheval
« de Turenne gagna l'affection de tous les soldats de
« l'armée ; *s'ils eussent été des amazones, il se fût rendu*
« *bien plus aimable....* — Je vous demande pardon d'a-
« vance, madame, de vous faire partager avec votre
« cheval une application de principes. Mais j'ai eu
« l'honneur de vous prévenir qu'un écuyer n'était point
« galant au manége, et qu'une dame, en y entrant,
« doit faire le sacrifice des douceurs auxquelles ses
« oreilles sont accoutumées. *C'est ainsi que les beautés*
« *célestes abandonnaient les charmes de l'Olympe pour*
« *venir s'asseoir sur la fugère à côté de nos bergers, et*
« *prendre plaisir à leurs chansons rustiques.* »

Assurément si feu M. Demoustier avait chaussé des

4.

bottes à l'écuyère, il n'aurait pas écrit plus galamment.

Les écuyers qui ont publié des ouvrages depuis une douzaine d'années sont MM. Baucher, Aubert, vicomte D'Aure et le comte de Brèves (1).

Nous nous plaisons à reconnaître que, comme style, ces ouvrages se distinguent complétement de leurs devanciers ; le manége s'est fait académique.

— A propos de littérature chevaline, disons que l'ignorance complète où les savants et les littérateurs actuels sont des choses de l'équitation, les expose à commettre parfois d'étranges bévues lorsqu'ils ont à traiter un sujet qui s'y rapporte. Nous nous bornerons à en citer un exemple : dans le dixième livre de l'*Énéide*, le cheval

(1) Auteur de l'*Application de l'anatomie à l'équitation.*

de Mézence est frappé au front d'une javeline lancée par le pieux Énée. Alors, dit le poëte latin ,

Tollit se arrectum quadrupes et calcibus auras
Verberat, effusumque equitem super ipse secutus
Implicat.

Ici le mouvement naturel du cheval qui se cabre est parfaitement décrit ; l'animal se dresse sur ses jambes de derrière et agite un instant les pieds de devant afin de se soutenir en équilibre. Mais il paraît que n tre univesrité n'a jamais vu se cabrer un cheval. Voici comme elle rend ce passage dans une traduction due à une réunion de professeurs , et en usage dans tous les colléges royaux : « Le cheval *se cabre* ; et frappant l'air « des pieds *de derrière*, il tombe *la tête la première* sur « son cavalier qu'il renverse. » Voilà donc le cheval, qui est censé lever tout à la fois les jambes de devant et celles de derrière et rester ainsi suspendu en l'air. Si l'université n'était déjà en ce moment harcelée par les mandats épiscopaux au sujet de son enseignement philosophique, nous l'attaquerions à notre tour et lui reprocherions d'inculquer à la jeunesse les idées les plus déplorablement erronées en matière de cheval.

E. Girod.

VII

Il y a dans certaines langues des mots qui produisent
à peu près le même effet que le premier coup de fusil
tiré par Robinson dans son île. Ce coup fit lever des
volées d'oiseaux de toute espèce ; de même, les mots
dont nous parlons font surgir une foule d'idées.

Tel est le mot turc *Bel-men* du *Bourgeois Gentilhomme*.
Cléonte (le fils du Grand Turc) dit à M. Jourdain : *Bel-
men !* ce que l'interprète Covielle traduit ainsi : « Il dit
« que vous alliez vite vous préparer pour la cérémo-
« nie, afin de voir ensuite votre fille et de conclure le
« mariage. — Comment ! s'écrie M. Jourdain, tant

« de choses en deux mots ! — Oui, répond Covielle,
« la langue turque est comme cela, elle dit beaucoup
« de choses en peu de mots. »

Les Anglais ont dans leur idiome un mot qui n'est
pas moins complexe, pas moins gonflé de significa-
tions que le *Bel-men* de la comédie ; c'est *Sport*. Ce mot
sport signifie tout à la fois, courses de chevaux ; —
courses au clocher ; — courses d'hommes ; — chasses à

tir ou à courre ; — tir aux pigeons ; — attelage de
chevaux ; — combats de chiens, de coqs, de rats, de
boxeurs ; — tours de force nautiques (1), — paris de
toute espèce, en un mot, tous les exercices du corps,
tous les plaisirs fatigants et dangereux qui exigent de
la force, de la hardiesse et de la vanité.

L'anglomanie a importé chez nous le mot *sport*, et
il n'est pas un de nos jeunes gens à la mode qui ne
tienne à honneur d'être qualifié du titre de *sportsman*.

(1) Il existe en Angleterre un club dont les membres se font
gloire d'exceller dans la conduite des embarcations à voiles ou à
rames, sur mer ou sur l'eau douce. Les plus opulents ont des
yachts armés en guerre.

Ici, comme en beaucoup d'autres choses, l'anglomanie s'est montré cillogique et irréfléchie. Elle aurait dû comprendre que le *sport* ne peut s'implanter avec succès sur une terre qui, comme la Grande-Bretagne, pousse la passion du cheval jusqu'au fanatisme et qui n'est pour ainsi dire qu'une vaste écurie; — sur un caractère national porté naturellement à l'excentricité; — enfin et principalement sur une aristocratie crésusienne comptant un très-grand nombre de fortunes d'une centaine de mille livres sterling de revenu et au delà. Le véritable *sport*, en effet, est essentiellement dispendieux et fastueux.

Or, aucune de ces conditions indispensables ne se trouve en France. Et d'abord on peut dire qu'en général le goût du cheval n'existe pas; on en a tout au plus la manie et la prétention. Pour beaucoup de fashionables, le pur-sang n'est, comme un gilet ou une cravate, qu'une affaire de mode; on se donne les dehors de la passion hippique, précisément parce que c'est un moyen de se distinguer de la foule; mais ce que ce rôle a de forcé et de factice se trahit à chaque instant. Et d'ailleurs l'enthousiasme n'est pas là pour soutenir et encourager les acteurs sur la scène chevaline. Comparez cette multitude ardente, enivrée, qui, en Angleterre, se presse autour d'un hippodrome ou sur le terrain d'un *steeple-chase,* suivant d'un regard plein d'anxiété les moindres incidents de la lutte, suspendue pour ainsi dire aux jambes des chevaux, se passionnant avec fureur pour tel ou tel quadrupède, et enfin saluant le vainqueur de hourras frénétiques; comparez, dis-je, une galerie si électrisante avec les quelques centaines de spectateurs français qui se rendent au champ de Mars ou à la croix de Berny, le plus souvent par désœuvrement, assistent d'un air froid et distrait à ce spectacle, et demeurent presque indifférents au dénoûment. On conviendra qu'il n'est guère encourageant de s'exposer à se ruiner ou à se rompre bras et jambes, pour ne pas même obtenir ce qu'on appelle, en termes de théâtre, un succès d'estime.

En France, non plus, nous ne sommes pas possédés de cette rage de paris qui échauffe et anime le tapis sablé où se jouent les parties hippiques. L'Anglais, on le sait, parie sur tout, et quand il ne sait plus sur quoi parier, il parie sur les paris. Et ce ne sont pas seulement les classes riches et fashionables qui prodiguent ainsi leurs guinées; tout le monde s'en mêle. Dernièrement, le valet de chambre du duc de Buccleugh se présente devant son maître et lui annonce qu'il est obligé, quoique à regret, de quitter son service. « Et pourquoi donc? demande le duc. — Milord, je me trouve dans des embarras d'argent; aux dernières courses, j'ai parié pour les chevaux de Votre Seigneurie, et j'ai perdu 1,200 guinées (TRENTE MILLE FRANCS). »

Aux courses françaises, les parieurs ne se recrutent que parmi les amateurs pur-sang. Les paris sont peu nombreux et ne se poussent qu'à quelques louis, et encore les mauvais plaisants prétendent que parfois ces louis ne sont qu'une monnaie de convention signifiant tout simplement une pièce de vingt sous, voire parfois un cigare.

Pour dernière incompatibilité, nos fortunes étriquées et les habitudes lésineuses de la moderne gentilhommerie ne sauraient se mettre au niveau de la somptueuse prodigalité des sportsmen archimillionnaires du royaume-uni. Aussi cette tentative d'importation britannique ne pouvait réussir; nous ne jouissons en général que d'un sport incomplet et râpé.

On devrait bien se convaincre que les mœurs de fabrique anglaise ne peuvent pas servir à tous les autres peuples, comme les rasoirs ou la flanelle du même terroir.

Pourtant l'anglomanie tend chaque jour à s'étendre

et à se fortifier parmi ce qu'on appelle l'élite de la jeunesse française. C'est au point, dit-on, que quelques-uns de nos dandys se font brunir les dents afin d'avoir un point de ressemblance de plus avec les véritables Anglais.

Et, nous le répétons, cet engouement se manifeste souvent d'une façon irréfléchie, aveugle et ridicule. On s'empresse d'adopter les modes et les usages d'Albion, sans examiner, je ne dis pas s'ils conviennent à nos mœurs, mais même s'ils peuvent avoir ici un but quelconque comme en Angleterre. Pour mieux faire comprendre cette observation, nous nous bornerons à citer un seul exemple. On a sans doute remarqué que depuis une année environ, tous les cochers conduisant un de nos élégants équipages sont affublés d'une petite perruque de laine blanche, ourlée de boudins cir-

E. Giraud

culaires, couvrant seulement le sommet de la tête, laissant voir la racine des cheveux naturels et produisant en un mot l'effet le plus grotesque. Demandez à nos fashionables pourquoi ils ont déguisé de la sorte l'oc-

ciput de leurs phaétons, ils vous répondront : Parce
que les cochers anglais sont ainsi coiffés. Eh bien, en
Angleterre, la perruque de laine blanche a du moins
un motif plausible. De l'autre côté de la Manche, les
maîtres sont obligés de payer une livre sterling pour
chaque tête de domestique poudrée; la perruque, qui
en a toute l'apparence, a été inventée afin d'encourir
cette taxe aristocratique sans subir les inconvénients
de la poudre. Or, nous n'avons pas ouï dire que notre fisc,
tout ingénieux qu'il soit, ait encore eu l'idée de taxer
la houppe d'antichambre. A quoi bon dès lors l'importation de cette affreuse perruque, puisqu'on ne saurait
alléguer en sa faveur le prétexte d'une satisfaction de
vanité fastueuse, et qu'elle ne peut donner ici qu'un
relief de ridicule?

Gentleman rider est encore une qualification britannique dont on est très-glorieux à notre Jockey-Club.
Gentleman rider veut dire *gentilhomme coureur*. Cependant, il ne faut pas prendre littéralement ici le mot
gentilhomme; il s'entend dans ce cas de tout amateur,
même bourgeois, qui monte ses chevaux ou ceux de
ses amis, soit dans les courses d'hippodromes, soit dans
les *steeple-chases*, sans avoir jamais reçu à cet effet aucun salaire. Ce qu'il y a de peu gracieux pour nos
jeunes fashionables qui aiment à se parer de ce titre,
c'est que les bons bourgeois parisiens traduisent *gentlemen riders* par *gentilshommes ridés*.

Nous signalerons à ce propos les progrès toujours
croissants et vraiment inquiétants de la phraséologie anglaise dans notre belle France. Grâce à l'anglomanie,
qui s'est successivement emparée de nos hommes politiques, de nos cuisiniers, de nos modistes, de nos in-
dustriels et de notre jeunesse dorée, chaque jour,
quelques douzaines de mots anglais reçoivent leurs lettres de naturalisation de la mode, sinon de l'Académie.
Et voyez la bizarrerie : pendant ce temps-là, notre lit-

térature et notre idiome se répandent de plus en plus chez les autres peuples. Pour peu que les choses continuent d'aller ainsi en sens inverse, on pourra dire que la langue française se parle partout, excepté en France.

Équitation fashionable.

Nous avons déjà eu l'occasion de signaler le profond dédain où était tombé l'art de l'équitation parmi nos jeunes gens du bel air, et cela toujours par suite de cette frénésie d'imitation anglaise qui porte à tout daguerréotyper sans examen. On s'est dit : « Il n'y a ni professeurs ni manéges en Angleterre ; donc un apprentissage équestre est complétement inutile. » Mais d'abord, si l'Angleterre et la France ne sont, sous le rapport territorial, séparés que par le détroit de la Manche, ces deux pays sont, nous ne saurions trop le répéter, sous le rapport des mœurs et du caractère, aux antipodes l'un de l'autre. On comprend que les Anglais, venant au monde au milieu des chevaux, huchés dès l'âge le plus tendre sur un poney, vivant dans un pays où le cheval est un point d'honneur, une nécessité, un *to be or not to be*, où l'on passe continuellement d'*Epsom* à *New-Market*, de *New-Market* à *Ascott*, etc., des courses de la veille aux courses du lendemain, où l'on descend non pas le fleuve, mais l'hippodrome de la vie ; on comprend, disons-nous, que les Anglais apprennent naturellement à se tenir en selle. En Angleterre, tout le monde sans exception monte à cheval Il n'existe pas, comme en France, de caste, de profession où le préjugé fasse considérer cet exercice comme inconvenant et trop *hussard*. Les dames font leurs visites à cheval, accompagnées d'un domestique. Les représentants du pays emploient aussi d'ordinaire ce moyen de locomotion pour se rendre à leur siége parlementaire. On voit toujours à la porte de la chambre des lords, et à

celle des Communes, une centaine de chevaux de selle.
Les avocats viennent au palais à cheval, en éperons et
la cravache à la main ; les graves professeurs des uni-

versités eux-mêmes se piquent d'être de fringants cavaliers ; la jurisprudence se montre au petit galop, la
philosophie exécute de gracieuses courbettes, et la
théologie caracole.

D'un autre côté, les chevaux anglais, remarquablement
bien conformés en général, sont faciles à conduire et
vont pour ainsi tout seuls, avantages naturels dont sont
loin de jouir les chevaux de notre belle patrie. On ne
manquera pas d'objecter que nos dandys ont pour habitude de n'acheter et de ne monter que des chevaux de
race anglaise. Oui ; mais les Anglais, avec cet égoïsme
national qui ne saurait les abandonner, se gardent
bien de nous envoyer leurs chevaux de premier choix.
Par conséquent, la plupart des chevaux anglais de
Paris auraient besoin, afin d'être dressés et bien con-

duits, des secours de l'équitation, et sont dangereux à monter pour des cavaliers *de la nature.*

Passe encore si nos anglomanes imitaient exactement les allures équestres de leurs modèles d'outre-Manche ; mais ils ont adopté un genre qui n'en est que l'exagération, pour ne pas dire la caricature. On chercherait vainement à *Hyde-Park* et autres promenades affectées au *riding* du grand monde britannique, des types analogues à ceux de nos soi-disant *gentlemen riders,* avec leur corps ployé en deux, leurs jambes en avant du quartier de la selle et tellement écartées, qu'il suffit presque de trois de ces cavaliers fashionables, marchant

Écosse.

E. Giraud.

de front, pour interrompre la circulation sur une route royale de première classe.

Au surplus, ce n'est pas d'aujourd'hui que les Anglais produisent chez nous des copies ridiculement contrefaites. Chose encore plus bouffonne, il y avait à Paris, sous l'empire, un certain nombre de *beaux,* prétendant

imiter parfaitement les modes équestres d'Albion bien
qu'à cette époque de guerre et de blocus continental,
il fût impossible qu'ils eussent jamais aperçu la botte
à revers d'un gentleman des bords de la Tamise.
Voici ce qu'ils avaient imaginé comme une gracieuse
importation britannique : ils faisaient seller leur pur-
sang limousin ou normand le plus en arrière possible,
de façon qu'ils étaient assis presque sur la queue et
qu'ils avaient l'air de conduire leurs chevaux de selle
à grandes guides.

Disons encore qu'ici on est assez disposé à adopter
comme modèle du parfait cavalier le dandy qui a dû sa
réputation à l'art de mettre sa cravate.

Les anglomanes équestres méprisent souverainement
l'équitation ; s'ils consentent à pardonner des leçons de
manége, c'est à condition que ce qu'on a appris dedans
on l'oubliera dehors. Le terme le plus fort qu'ils puissent
imaginer pour perdre un homme à cheval de réputa-

5.

tion, c'est de dire qu'il *a l'air d'un écuyer*. Aussi ont-ils soin de se dépouiller de tout ce qui pourrait leur donner cet air de mauvais ton. Ils ont commencé par réprouver la classique cravache, et ils l'ont remplacée par une canne à bec recourbé, tenue droite sur la cuisse comme un mousqueton de cavalerie, ce qui était d'un effet très-gracieusement pittoresque. Puis, ils ont adopté le *stick* (bâton), à l'instar des Anglais. Enfin, maintenant ils portent comme unique auxiliaire, pour dompter les résistances de leur cheval..... un mince lorgnon.

C'est ainsi encore que les éperons dont on raffolait naguère, surtout lorsqu'ils avaient plusieurs centimètres de longueur, les éperons qui ont fait tant de bruit dans le monde fashionable, sont aujourd'hui à peu près généralement abandonnés. Outre que les éperons ont le tort grave d'être employés par des écuyers, un autre motif a déterminé leur proscription. Il est convenu qu'un cheval pur-sang ayant naturellement beaucoup d'action, n'a pas besoin d'être excité. Or, monter à cheval sans éperons est un moyen de faire croire que l'on a un pur-sang. Jadis, il est arrivé bien des fois que les éperons ont tué le cheval; aujourd'hui c'est le cheval qui tue les éperons; juste retour des choses et des molettes d'ici-bas.

Nos gentlemen riders mettent leur gloire principale, pour ne pas dire unique, dans leurs écuries. Le mérite personnel se mesure à la qualité et surtout au nombre de chevaux qu'elles renferment. Mais souvent une écurie brillamment garnie est pour un dandy équestre ce qu'est une belle bibliothèque pour un banquier enrichi, c'est-à-dire un pur objet de parade. C'est ainsi, dit-on, que lord S....., qui est toujours possesseur d'une cinquantaine de magnifiques coursiers, monte depuis quatorze ans un seul et même cheval.

Par exemple, les habitudes anglaises, si luxueuses

sur tous les détails du sport, ont introduit une grande simplicité économique dans le harnachement du cheval de selle. La dépense, même la plus fastueuse pour cet objet, ne s'élève aujourd'hui qu'à 160 ou 200 fr. Les dandys nos aïeux n'en étaient pas quittes à si bon mar-

ché. Avant 89, un cavalier à la mode ne se montrait à la promenade que sur un cheval orné d'une housse en velours rouge, d'un chasse-mouche galonné d'or, d'un bridon tissu d'or, d'une bride richement plaquée, etc. L'équipage d'un cheval de selle, dit de Maître, revenait alors à 15 ou 1,800 francs.

Nous avons expliqué comment de nos jours la mode règle tout dans la fashion équestre, la tenue à cheval, la manière de conduire ses chevaux, l'emploi ou l'abandon des auxiliaires indispensables des cavaliers, tels que la cravache et les éperons. Ce n'est pas seulement l'homme, mais encore le cheval qui doit subir toutes les exigences et tous les caprices de la fantasque divinité. Ceci n'est point une exagération ; suivant les variations du goût, les dandys *commandent* aux éleveurs des chevaux longs ou ramassés, forts ou légers, de même qu'ils commanderaient à Blin ou à Humann d'allonger ou de raccourcir les basques de leurs habits. Ils prétendent changer la coupe d'un cheval sans plus de façon que la forme d'un gilet.

Et les éleveurs s'efforcent de *confectionner* des quadrupèdes dans le modèle demandé. Ils y parviennent à force de combinaisons et de croisements. La nature est ainsi forcée en quelque sorte de s'abonner au *Journal des modes*.

Les riches sportsmen qui ont la prétention d'avoir toujours un cheval à la dernière mode renouvellent aussi fréquemment leur écurie que leur garde-robe. Mais à l'exemple de ces dandys économes qui, tout en restant dans des habits et des pantalons stationnaires, veulent faire croire qu'ils suivent le mouvement fashionable , certains lions équestres cherchent à se persuader et à persuader aux autres qu'ils sont toujours montés au goût du jour, bien qu'un cheval leur dure presque aussi longtemps qu'un habit marron à un bourgeois du Marais.

Voici, à ce propos, une curieuse anecdote qui nous a été attestée par M. le baron de C.... Il y a environ trois ans, M. de C.... rencontre, se promenant à cheval au bois de Boulogne, un de ses amis, qui appartient à la catégorie de ces lions tout à la fois ménagers et prétentieux dont nous parlions tout à l'heure. « Voyez-vous, « mon cher, dit l'ami au baron, un homme comme il « faut, je dirai même un homme qui se respecte, ne « peut se montrer que sur un cheval demi-sang, bien « doublé, un peu fort de hanches et d'encolure (c'était « alors le cheval à la mode), tenez, comme la bête que « je monte là. » L'un des jours du printemps dernier, M. de C..... retrouve au bois l'ami en question :

« Voyez-vous, mon cher, dit celui-ci au baron, un
« homme comme il faut, je dirai même un homme qui
« se respecte, ne peut se montrer que sur un *hack*, un
« cheval pur-sang ayant des formes légères, effilées
« (c'est la mode d'aujourd'hui), tenez, comme la bête
« que je monte là. » Le piquant de l'histoire, c'est que
c'était toujours le même cheval qui, à trois ans de dis-
tance, avait été tour à tour gros et mince, grand et petit, sans changer le moins du monde bien entendu.

Promeneurs fashionables du bois de Boulogne.

Ce bois est, comme chacun sait, le rendez-vous obligé
de tous les cavaliers du grand ton. On nous a cité deux

E. Giraud.

amateurs qui, depuis vingt-cinq ans, à ce qu'on prétend, n'ont manqué que trois jours de s'y montrer à

cheval : c'était pendant les trois journées de juillet, alors que Paris était en état de siége.

C'est au bois de Boulogne que les jeunes fils de famille, qui ont pu enfin s'élancer des bancs du collége sur un bouillant coursier, font leur début équestre. Leur cœur s'ouvre avec délices aux nouvelles jouissances du grand trot et aux enivrements du *fond de train*. Aussi sont-ils les plus ardents et les plus fidèles habitués du bois. A côté de ces adolescents, on remarque comme aussi exacts, sinon comme aussi fringants, quelques douzaines de vieux Céladons qui, comme leur modèle, M. Boissec, raffolent du cheval, *ce plaisir des jeunes gens*. Il n'est pas rare de voir, dans une allée, trotter parallèlement les deux extrémités de la vie.

Il est tel beau du directoire, M. Espérance de l'Aigle, par exemple, qui, depuis 1795, n'a pas cessé de faire l'ornement de l'avenue des Champs-Élysées, et qui a passé ainsi au grand trot devant deux ou trois générations.

N'oublions pas de citer, parmi les plus intrépides cavaliers du bois de Boulogne, le célèbre compositeur M. Auber, qui trouve en galopant ses plus gracieuses inspirations mélodiques. Un amateur de jeux de mots, devant lequel on disait que M. Auber monte chaque jour ses chevaux, répondit : « Mais non, il monte ses opéras. »

Il y a quelques années, il était de mode, parmi nos dandys équestres, de se lancer aux grandes allures et de monter des chevaux difficiles. Maintenant la mode a complétement changé. On recherche les montures paisibles et les allures modérées. Le gentleman rider vient d'ordinaire au bois en cabriolet ou en coupé, monte sur le pur-sang que son groom lui a amené, fait le tour du bois au petit galop et évite les barrières. Il dit qu'il ne saute pas à la promenade, mais en chasse.

Nota. On saute généralement très-peu dans les chasses françaises.

Les chasseurs.

La révolution de 89, en détruisant les grandes propriétés et les priviléges de noble vénerie, devait né-

cessairement porter une rude atteinte aux chasses à courre. Ce plaisir, éminemment aristocratique, resta dès lors circonscrit parmi les princes et parmi quelques grands seigneurs. Mais depuis cinq ou six ans, l'anglomanie a prétendu rétablir chez nous les grandes chasses. Nos lions se sont dit : On chasse en Angleterre ; donc nous devons chasser en France. C'est toujours la même sagacité de raisonnement qui ne tient compte ni des différences de pays, de mœurs et d'usages, ni surtout de cette autre différence d'un si grand poids, celle de l'argent. Nos maigres fortunes, qui veulent imiter en tout les colosses de guinées du sport anglais, devraient bien méditer sur la fable intitulée *le Bœuf et la Grenouille*.

On compte en Angleterre plus de deux cents équipages montés avec le plus grand luxe de chevaux, de chiens, de piqueurs, etc. Les chasseurs de la haute aristocratie exercent une hospitalité non moins généreuse, mais beaucoup plus magnifique que celle des montagnards écossais de M. Scribe. Pendant les quatre mois d'hiver, leurs splendides châteaux, leurs tables somptueuses, les vins de France les plus exquis, les chevaux de la plus belle race, sont mis à la disposition des nombreux amis qui désirent prendre part aux divertissements de la chasse. Les pauvres gentilshommes campagnards et même les fermiers du voisinage peuvent également se donner le plaisir de suivre la meute de milord. Il suffit pour cela d'être pourvu d'un bidet, et de se trouver au rendez-vous fixé, ce dont tout le monde peut être instruit en lisant l'un des nombreux journaux uniquement consacrés aux détails et aux annonces du sport.

Courir les chasses, pour nous servir de l'expression consacrée, est aujourd'hui du meilleur genre parmi tous ceux qui, chez nous, ont des prétentions plus ou moins fondées au titre de sportsman. Aussi il n'est pas de jeune lion de la bonneterie, de l'escompte, de la toilerie en gros, qui, la saison venue, ne dise : J'ai couru ou je vais courir la chasse. Bref, s'il fallait en croire les apparences, le nombre des coureurs de chasses serait presque aussi considérable que celui des coureurs de places.

Mais nous ne pouvons nous empêcher de concevoir à ce sujet des doutes mathématiques. En effet, à Paris, par exemple, il n'y a guère que quatre ou cinq équipages de grandes chasses, et l'usage n'existe pas chez nous, comme en Angleterre, que le premier cavalier venu puisse suivre la meute sans avoir été invité. Or, nous nous demandons comment ces quatre ou cinq équipages pourraient suffire à la gloire des quatre mille et quelques jeunes sportsmen ou prétendus tels qui cherchent à acquérir une position sociale en disant qu'ils courent les chasses. Il faudrait donc supposer

que MM. de l'Aigle, Shikler, de Perthuis comptent chacun douze ou quinze cents amis de chasse, et que
les princes de Chalais et de Wagram ont énormément
de connaissances dans la toilerie et la bonneterie.

Il est plus naturel, peut-être, de penser que la vanité et la prétention de se donner un relief de haute
fashion créent parmi nos lions bourgeois une foule de
chasseurs apocryphes. Nous devons ajouter à la vérité
que, par un de ces expédients économiques et qui font
encore mieux ressortir la mesquinerie du sport français, comparé à son fastueux modèle d'Angleterre,
quelques-uns de nos gentlemen-riders ont imaginé de
former un petit train de chasse en participation et en
commandite. L'apport social de M. un tel se compose

de deux chiens ; un second associé apporte une trompe ;
celui-ci fournit la moitié d'un piqueur, celui là l'autre
moitié, etc.

Autre invention ménagère : comme le gibier est

devenu rare et cher, il y a dans certains équipages de chasse, outre une écurie pour les chevaux et un chenil pour les limiers, une étable à cerf. Cet animal défraye indéfiniment les divertissements à courre. Un vétérinaire *ad hoc* est chargé de le saigner après chaque chasse et de le maintenir en bonne santé, afin qu'il puisse se faire tuer au moins une cinquantaine de fois.

Le chasseur français (nous parlons du chasseur qui chasse) arrive d'ordinaire en habit bleu, rouge ou abricot, monté sur un cheval de piètre qualité et de bas prix qu'il a acheté exprès pour cet usage éreintant, toujours par motif d'économie. L'instant du départ venu, il s'élance au grand galop; mais au bout de quelques centaines de pas, il s'arrête, et chasse le reste du temps en se promenant; ce qui ne l'empêche d'avoir constamment suivi les chiens et d'avoir assisté à la mort...... dans ses conversations avec ses amis et connaissances.

— Il y a quelques années, un naïf enfant d'Albion, nommé Johnson, prenant au sérieux la passion du sport dont nos fashionables se disaient enflammés, crut faire une excellente spéculation en établissant aux environs de Paris une chasse de louage. Pour 25 louis par an, il offrait aux amateurs un renard à chasser toutes les semaines. Mais, faute de chalands, le malheureux insulaire se vit bientôt forcé de vendre ses chiens qui mouraient de faim, et de mettre la clef sous la porte du chenil.

Coureurs au clocher.

Ceci n'est qu'une notice nécrologique.

Le *steeple-chase* est encore une des excentricités britanniques qui n'ont pu s'acclimater en France. Le public d'abord, et les amateurs ensuite, se sont promptement dégoûtés de cet exercice de casse-cou, de ces dangers sans le moindre but plausible d'utilité, de ces chutes grotesques ou fangeuses, de ces cavaliers, de ces che-

vaux presque toujours remis, les uns sur leurs jambes, les autres sur leur selle avec l'aide de grooms apostés, contrairement à un article formel du règlement, car les programmes de la Croix de Berny étaient une véritable mystification.

Le coureur de steeple-chase est, c'est-à-dire était âgé d'environ trente ans. Il avait visité souvent l'Angleterre, usait de tous les moyens connus pour se maigrir, et même prenait de temps en temps médecine afin de ne pas augmenter son poids.

Le steeple-chase français est décidément mort, et enterré au fond du ruisseau de la Bièvre. Que la vase lui soit légère !

Coureurs qui ne courent pas du tout.

Nous comprenons dans cette catégorie négative les amateurs qui acquièrent le titre de sportsman sans jamais monter à cheval, et cela parce qu'ils s'arrangent de façon à se lier avec les lions équestres les plus renommés, qu'ils écoutent et répètent leurs conversations hippiques, et qu'ils se montrent, aux places les plus apparentes, dans toutes les courses. Du temps de feu le steeple-chase, nous aurions pu citer encore, au nombre des coureurs qui ne courent pas, ces jeunes amateurs qui, après avoir fait inscrire et publier leur nom parmi les concurrents à ce périlleux exercice, se présentaient effectivement dans la lice, mais tournaient bride à la première barrière, sous prétexte que leur cheval refusait de sauter. Par exemple, une fois la course terminée, ils avaient grand soin de se promener au milieu de la foule, et de faire admirer leur toque, leur casaque immaculées, ainsi que leurs bottes à revers qui n'en avaient essuyé aucun.

E. Giraud.

VIII

Il n'est pas aujourd'hui en France un corps savant ou littéraire, une société philanthropique, voire une assemblée politique qui puisse se flatter d'occuper autant l'attention et la renommée aux cent voix que cette réunion d'hommes de cheval. Le Jockey-Club est presque devenu un pouvoir dans l'État; il tient tout à la fois à la cour, à la banque, à la chambre des pairs, à la chambre des députés, à la presse, à tous les boudoirs de la capitale, à la diplomatie, aux bureaux de tous les ministères, et aux rats de l'Opéra.

Ce club, aujourd'hui si célèbre et si influent, n'a pourtant que neuf années d'existence. Il fut fondé en 1833. Les fondateurs sont MM. Fasquel, major Frazer, chevalier Machiado, de Cambis, Rieussec, et lord Henri Seymour. C'est dans la mansarde d'une maisonnette située dans le parc de Tivoli, chez un nommé Bryon, que se tinrent les premières séances de l'illustre aréopage. La société s'appelait alors Société pour l'amélio-

6.

ration des races de chevaux en France ; l'héritier pré-
somptif du trône, M. le duc d'Orléans, s'en déclara le
protecteur, et en accepta la présidence honoraire. Telle
est l'origine de cette association qui, grâce aux pur-sang,
ne pouvait manquer de faire rapidement son chemin.

Lorsque la société fut bien définitivement fondée,
elle vint se loger au premier étage de la maison du
boulevard des Italiens, qui est située à l'angle de la rue
du Helder (1) ; dès lors elle commença à faire du bruit
fashionable. Elle prit le nom de Jockey-Club, et fut appelée aussi club des lions.

Vers 1836, cette réunion était devenue aussi opulente que nombreuse ; elle quitta la rue du Helder pour
s'établir au-dessus du facteur Pleyel, à l'angle du boulevard Montmartre et de la rue Grange Batelière, dans
des appartements tout à fait splendides, où elle trône
encore aujourd'hui.

Les conditions d'admission au Jockey-Club sont d'être
présenté par trois membres. En entrant, on paye 00 fr.
pour la première année, mais la cotisation annuelle
et ordinaire n'est que de 300 fr.

Quant aux qualités sociales requises pour être reçu
dans cette illustre société, il n'y a point à cet égard de
règles fixes ; mais il en existe pour les exclusions. Ainsi,
le club n'admettra jamais un négociant, un littérateur,
un artiste. Puis, comme toutes les puissances, le Jockey-Club a des volontés capricieuses, et qu'il serait
assez difficile d'expliquer. Par exemple, il ferme ses
portes aux agents de change en titre ; mais il admet
les marrons.

Aujourd'hui le Jockey-Club est composé de plus de

(1) Lorsque aujourd'hui, sous leurs lambris dorés, les membres du Jockey-Club parlent de cet ancien et modeste logement,
ils l'appellent dédaigneusement le bouge. Cependant parfois plus
d'un murmure tout bas en soupirant : « On s'amusait bien mieux
au bouge. »

trois cents *jeunes gens*, appartenant pour la plupart à
l'aristocratie ancienne, impériale ou financière, ralliée
à la dynastie actuelle. Nous venons de parler de *jeunes
gens*, parce qu'en effet tout le monde *doit* être jeune au
Jockey-Club, bien qu'on y compte des hommes mûrs,
et même quelques membres passés à l'état qu'on appelle vénérable.

L'opulence du Jockey-Club est telle, que, chaque année, il fonde des prix pour les courses de chevaux du
Champ de Mars, de Chantilly et de Versailles, qui s'é-
lèvent à des sommes considérables. On y reçoit tous
les journaux, il y a des jeux de billard, on y joue aux
cartes, on y parle plaisirs et politique, tout cela sans
gêne et sans contrainte; la police n'a que faire au
Jockey-Club.

Nous venons de dire qu'on parle politique; cependant un article formel du règlement défend de s'en occuper. Mais dans les assemblées hippiques, comme dans
d'autres, le règlement n'est souvent qu'une chimère.

Le Jockey-Club jouit d'une très-grande influence
gouvernementale. Et, chose bizarre, ou plutôt fort naturelle par la logique qui court, son influence ne
s'exerce pas sur les matières de sa spécialité, telles
que les haras ou les missions pour acheter des chevaux ; au contraire, le Jockey-Club est tenu en dehors
de toutes ces choses. Cela est si vrai, qu'il est en hos-
tilité permanente contre l'administration des haras,
précisément parce qu'il voudrait y prendre un pied.
Mais si le Jockey Club ne dirige pas les affaires de chevaux qu'il est censé connaître, en revanche, il inter-
vient puissamment dans les affaires politiques, admi-
nistratives et diplomatiques : c'est là que se distribuent
souvent des recettes générales, des préfectures, des
sous-préfectures, etc.; c'est là parfois qu'on fait une
ambassade et des ambassadeurs en dix minutes, surtout lorsqu'il s'agit d'une ambassade en Perse, parce

qu'alors les membres du Jockey-Club travaillent comme pour eux.

Cette existence si dorée et si riante est cependant obscurcie de temps en temps par des orages intérieurs. En voici la cause : le Jockey-Club, fondé dans un but exclusivement hippique, a cru devoir admettre un grand nombre de membres, non-seulement étrangers, mais encore antipathiques au cheval. Ces intrus se partagent principalement en deux classes, les gastronomes et les joueurs de whist. De là, les semences de discorde. Les gastronomes opinent toujours pour que les fonds qu'on voudrait consacrer à l'amélioration de la race des chevaux soient consacrés à l'amélioration des dîners de la société.

D'un autre côté, les hippiques ne peuvent pas nécessairement s'entendre avec les joueurs de whist. Les uns parlent *sport, turf, handicaps, trial-stakes, racing-likes,* etc. ; les autres répondent *robbers, trick, shlem, singleton,* etc.

N'oublions pas de dire que le Jockey-Club, fondé spécialement pour l'amélioration des chevaux *en France,* n'emploie et n'achète jamais que des chevaux anglais.

E. Giraud.

IX

DES COURSES.

Beaucoup de gens ne peuvent comprendre l'émotion,
le plaisir et l'intérêt qu'excitent dans le monde sportsman une demi-douzaine de chevaux galopant sur un
hippodrome. Ils trouvent étrange qu'un quadrupède,
dont les jambes sont un peu plus agiles que celles du
commun de son espèce, obtienne souvent une réputation plus éclatante qu'un littérateur ou un savant d'é-
lite, qu'un jockey soit aujourd'hui plus couru qu'un
défenseur de Mazagran. Pourtant, quels que soient chez
nous les progrès de l'anglomanie, nous sommes encore
loin, sous le rapport de l'engouement hippique, de
nos voisins d'outre-Manche, et surtout des anciens.
Dans la Grèce antique et à Rome, on érigeait des mo-

numents aux chevaux vainqueurs à la course des chars ainsi qu'aux cochers qui les conduisaient. On burinait sur de grandes tables de marbre le nom et le pays de l'homme et du quadrupède ; on gravait leur image sur des pierres précieuses, avec la palme, symbole de leur victoire, et ces pierres, montées en bagues et en agrafes, devenaient les bijoux à la mode (ENCYCLOPÉDIE, art. *Courses*). L'enthousiasme du sport fut même porté chez les Romains à tel point, qu'on décer-

nait aux chevaux et aux grooms des honneurs *divins*. Écoutons Horace :

> . . . . Metaque, fervidis evitata rotis,
> *Evehit ad deos.*

Or, nous n'en sommes pas encore venus, que nous sachions, à brûler un cierge devant l'image du jockey Robinson, à faire une niche à *miss Annette* ou à *Faustus*, et à canoniser lord Seymour.

En Angleterre, les courses ne sont pas, comme chez

nous, un intérêt à peu près circonscrit dans le cercle de la fashion ; elles sont, on peut le dire, une préoccupation *nationale*. Riches, pauvres, habitants de la ville et de la campagne, tout le monde se passionne pour les incidents et les péripéties de l'hippodrome. Les courses d'Epsom surtout excitent une émotion universelle ; le *Derby-stakes* ou *poule du Derby* (grand prix d'Epsom) est le but de toutes les vanités, de toutes les ambitions. Un an à l'avance, les journaux publient les noms des chevaux, des jockeys et des propriétaires qui doivent y concourir. Tous les jours, des paris sur les chances de cette course s'établissent à une espèce de Bourse du sport tenue chez *Tatersall*, célèbre commissaire-priseur (*auctioneer*) pour les ventes de chevaux et de voitures à Londres. Le grand jour venu, on ne reconnaît plus le flegmatique John-Bull ; une innombrable multitude, palpitante d'enthousiasme et d'anxiété, arrive de toutes parts à pied, à cheval ou en voiture. La royauté elle-même se fait un devoir d'assister à cette solennité hippique dans ses carrosses de cérémonie. Le vainqueur du *Derby-stakes* gagne souvent 8 à 900,000 francs.

Les graves politiques et les hommes d'État d'Albion se glorifient du titre de sportsman ; ce sont même parfois leurs succès dans l'hippodrome qui leur ouvrent la carrière gouvernementale. Plus d'un ministre anglais est arrivé au pouvoir par le cheval.

Pendant qu'ils faisaient partie du ministère whig, lord Palmerston et le marquis de Normamby ont tenu à rester les héros du sport. Lord Palmerston, notamment, gagna l'année dernière un prix de 50,000 fr. aux courses de New-Market. Que dirait-on chez nous, si M. Guizot achetait *Faustus,* et le faisait courir au Champ de Mars ou à Chantilly ?

Pour donner une idée de ce qui se passe dans notre société fashionable avant et pendant les courses, nous citerons la description suivante, empruntée au piquant et spirituel recueil des *Nouvelles à la main*. (Cette description s'applique aux dernières courses de Chantilly ; mais les scènes et les acteurs sont toujours à peu près les mêmes.)

« Pour un monde spécial qu'il faut appeler, ou le monde *cheval*, ou le monde *rider*, ou le monde *turf*, les émotions finales de Chantilly avaient été préparées par les émotions préliminaires du *livre* (*book*) (1), qu'on peut comparer au carnet de l'agent de change.

« Un *livre*, c'est un portefeuille, un album, un calepin, sur lequel on écrit les paris, c'est-à-dire le nom des parieurs, celui des chevaux, et les sommes convenues. Chacun donc a son *book*, ce qui constitue un engagement *fait double entre les parties*. On comprend toutes les complications auxquelles peuvent donner lieu le nombre, la réputation des chevaux. Longtemps à l'avance se répandent des bruits plus ou moins fondés sur les qualités des concurrents : tel est *favori* aujourd'hui qui demain tombe en défaveur. On se dit bas à l'oreille qu'il a mal galopé à un *essai* fait sur l'hippodrome. A l'instant ses actions tombent. On pariait pour lui à égalité, on faisait 2, 5 ou 8 ; on ne *fait* plus que 20, 30 ou 40, ainsi qu'à la Bourse, où des valeurs remontent ou se déprécient d'après les nouvelles vraies ou perfidement supposées.

« Pour le prix du Jockey-Club, trois ou quatre chevaux ont été alternativement favoris. On se demandait du *Fiametta*, du *Florence*; on se repassait du *Mantille*, on s'arrachait du *Locomotive*. *Faustus* fut favori dès le commencement, et M. de Vas..., vieil amateur de chasse et de chevaux, très-connu, réveillé le matin par un de ses amis, qui lui dit : Quoi de nouveau ? répondit : *Faustus* s'est couché hier à 6.

(1) Prononcez *bouc*.

« Du reste, il n'est sorte de moyens permis qu'on n'emploie pour connaître à l'avance l'issue probable de la course. On tâche surtout de faire causer les propriétaires de chevaux, de voir leurs écuries, et d'assister aux *essais* qui se font en quelque sorte en cachette, au point du jour sur l'hippodrome.

« Plusieurs fanatiques partaient la nuit pour arriver le matin à Chantilly, et afin de se dérober à la vue des jockeys qui n'auraient pas fait l'*essai* en conscience, ils se déguisaient, s'affublaient de blouses et de bonnets de coton, se couchaient à plat ventre sur la lisière de

la forêt, comme des paysans flâneurs et endormis, et rapportaient de là un gros rhume et des renseignements.

« Que ne fait-on pas avec ces deux mobiles, l'amour-propre et la spéculation ? »

Aux courses, le bon genre est de ne parier que par louis : « Je parie vingt-cinq louis, » telle est la formule employée à chaque instant. Nos sportsmen sont en contravention permanente avec l'ordonnance qui rend obligatoire l'emploi du système décimal. Nous avons déjà fait observer, à la vérité, que quelquefois, par une bizarrerie particulière à la langue du sport, *vingt sous* se prononcent *un louis*.

Les dandys ne sont pas les seuls qui se livrent à l'agio hippique, les dames aussi y prennent une part active. Elles font des paris dont les enjeux sont d'ordinaire une ombrelle, un nécessaire, un bouquet, une cravache. Mais on a remarqué qu'en général, lorsque les belles parieuses perdent, elles oublient presque toujours de payer. Ce n'est pas étonnant, le beau sexe a tant de sujets de distraction.

Quand les chevaux arrivent *dead heat,* c'est-à-dire de front et de façon qu'il soit délicat et difficile de décider lequel a gagné, le suprême talent du *stewart* (juge de course) est d'avoir oublié son lorgnon, afin de se ménager un prétexte de se récuser et de ne pas compromettre sa réputation de Salomon hippique. — *C'est très-anglais.*

Le résultat des courses est une image fidèle de ce qui se passe presque partout dans ce monde d'exploitation. Le propriétaire de la bête victorieuse, qui est resté tranquillement et commodément assis à l'amphithéâtre, gagne beaucoup d'honneur et de billets de banque ; — le jockey, qui s'est exposé à se casser la tête et les jambes, gagne une prime de 50 à 60 fr. ; — le cheval, qui a eu toute la peine, toute la fatigue, ne gagne rien du tout, à moins cependant qu'il ne gagne une fluxion de poitrine ou une nerf-ferrure.

Ajoutons toutefois que les bénéfices de l'amateur ou de l'éleveur de chevaux de course n'ont qu'une brillante apparence. L'entretien tout particulier qu'exigent ces sortes de chevaux, le prix élevé de l'achat, les frais d'entraînement qui doivent se renouveler pendant trois ans, rendent cette spécialité excessivement dispendieuse. Sur vingt chevaux qu'on élève pour la course,

il y en a tout au plus un qui remporte une victoire
olympique. Bref, on a calculé que chaque prix *gagné*
de 1,000 fr. revient à plus de 5,000 fr. Aussi n'y a-t-il
que les sportsmen jouissant d'une très-grande fortune
qui puissent cultiver des lauriers aussi chers. Plus
d'un jeune amateur, voyant son patrimoine tout entier menacé d'être emporté sur l'hippodrome, sent
le besoin de s'arrêter. Afin d'avoir un prétexte plausible de renoncer à faire courir, il se décide à prendre
un parti extrême... il se marie (1).

(1) Le monde sportsman a des idées et des usages tout à fait
exceptionnels. Ainsi, le jeune homme qui, après s'être posé parmi les coryphées du champ de Mars et de Chantilly, renonce-
rait à faire courir, serait frappé d'une espèce de déshonneur.
Mais il est convenu qu'une fois marié, un sportsman est libre de
se retirer; les liens de l'hyménée affranchissent des liens de
l'hippodrome.

X

On a beaucoup discuté et on discutera sans doute long-temps encore sur cette question. Les uns soutiennent que les courses sont le meilleur moyen d'amélioration des races chevalines et d'encouragement pour les éleveurs. Les autres prétendent que les courses ne sont qu'une affaire de vanité, et ne servent d'ailleurs qu'à encou-rager le commerce des chevaux anglais. Ils ajoutent qu'ils ne comprennent pas comment ce serait *améliorer* les chevaux, que de les soumettre à un entraînement forcé, de les essouffler et de les maigrir au point qu'ils deviennent impropres à tout autre service que le ser-vice spécial des courses, et que souvent tel illustre vainqueur du champ de Mars ou de la pelouse de Chantilly trouverait difficilement un acheteur qui vou-lût en offrir 300 fr. au marché aux chevaux.

Sans vouloir nous prononcer sur un débat aussi grave, aussi complexe, nous citerons l'anecdote sui-vante, racontée dans une récente brochure, par M. Ha-

mon, qui a passé huit années en Egypte, avec le titre
de vétérinaire en chef de Méhémet-Ali. On verra que
les Arabes du désert pourraient bien avoir résolu la
question avec leur bon sens de barbares.

« Tandis que M. le lieutenant général *Kourchid*-Pa-
cha gouverne le pays de *Nejd* (1), des Anglais, pos-
sesseurs de chevaux *pur-sang,* faits en Angleterre,
viennent demander aux Bédouins de courir avec eux.
— Les indigènes acceptent la proposition. — Les Anglais sollicitent alors un délai de quarante jours pour
préparer, disent-ils, leurs chevaux.

« Les Arabes, dont les coursiers sont constamment
prêts, ne comprennent pas qu'il faille des préparatifs
pour courir, et rient de la condition proposée par les
Anglais. — Toutefois, après ce terme accordé, les parties
arrivent au rendez-vous : « Choisissez, disent les
Bédouins aux hommes de l'Europe, désignez vous-
mêmes ceux de nos chevaux que vous voulez que
nous opposions aux vôtres. » Le choix est fait, et
les *Nejdis* demandent à leur tour combien de jours
on courra. Les Européens étonnés se regardent et ne
comprennent pas ! « Nous courrons une heure, » disent-
ils. Les nomades rient aux éclats et refusent une
pareille lutte qu'ils déclarent insignifiante. « Et c'est
pour une course *d'une heure,* crient-ils tous à la fois,
que vous avez demandé *quarante* jours de prépara-
tion ! C'est nous donner une idée bien peu avanta-
geuse de vos chevaux que vous dites issus des nôtres.
— Tel est l'usage adopté chez nous, répliquent les
Anglais, et après un *entraînement* de quarante jours,
nos chevaux *battront* les vôtres comme ils *battent* ceux
de l'Europe. »

« Les Bédouins rient de nouveau. — Sur ces entre-

(1) Contrée de l'Arabie centrale qui produit aujourd'hui les
chevaux les plus estimés.

faites, deux petits hommes bottés, maigres, pâles ou
jaunes, arrivent sur le lieu de la scène, conduisant par
la main deux *grandes machines mouvantes*, très-sèches,

que bientôt on reconnaît pour être des chevaux. Ces
derniers sont enveloppés de feutre depuis le bout du
nez jusqu'aux ongles, les yeux seuls sont à découvert.
— Les Arabes, qui n'avaient jamais vu de coursiers
anglais, ne se lassent pas d'examiner et demandent aux
Anglais ce que viennent faire ces deux *grandes bêtes?*
« Courir avec vous, prouver à la tribu que les chevaux de la Grande-Bretagne sont les premiers du
monde ! »

« Les Arabes prennent cette réponse pour une dérision, et se retirent avec la persuasion qu'ils ont été
plaisantés jusqu'ici par des étrangers. — Ceux-ci pro-
testent, insistent, et parviennent après beaucoup de
peine à ramener les Bédouins incrédules. — Kourchid-
Pacha, présent à cette scène, parle aux Arabes qui se

rendent à ses conseils et acceptent enfin de courir. — La vue des deux petits hommes extrêmement maigres qui tenaient les chevaux excite singulièrement la curiosité des indigènes, et ils vont prier les Anglais de leur dire dans quelle partie reculée du monde ils ont trouvé des êtres si extraordinaires? « Ce sont des *grooms,* répondent les Bretons, des hommes de notre pays destinés à monter les chevaux de course et qu'on *prépare* également par des moyens que vous ne connaissez pas. »

« La surprise des Arabes est à son comble, et sans Kourchid-Pacha, qui confirme le dire des Anglais, ils refusaient encore d'opposer chevaux et hommes à des créatures qu'ils désignent par le nom de *Mascara.*

« Bref, tandis que le *groom* amaigri s'élance sur sa monture *efflanquée,* décousue, un grand et vigoureux Bédouin saisit son arme favorite et se place gravement sur un cheval de taille ordinaire, qui prélude en sautant,

jouant autour de la tente qu'habite la famille de son

maître. — La femme, les enfants viennent le caresser, et l'ami du Bédouin promet du regard de vaincre l'étranger. — On décide que la course sera de trois heures. — A un signal donné, les chevaux partent ensemble.— Pendant la première demi-heure, les Anglais dépassent leurs adversaires, mais bientôt les Nejdis les atteignent, les devancent, et les Anglais n'arrivent au but que longtemps après les Arabes. — Cette épreuve achevée, les chevaux anglais, haletants, demeurent roides sur place; ils sont méconnaissables. — Les Nejdis, au contraire, sont dispos, impatients, ils frappent du pied la terre, hennissent avec force, s'agitent, se tourmentent et semblent appeler leurs adversaires à de nouvelles luttes.

« En voyant les chevaux anglais dont les flancs battent avec précipitation, les hommes du Nejd s'approchent des étrangers, occupés à frotter leurs montures et demandent ce qu'on fait en Angleterre de chevaux qu'une course de trois heures met hors d'état de servir « On les *refait*, répliquent les Anglais. — Qu'entendez-vous par là? — C'est-à-dire que, pendant deux ou trois mois, les chevaux vivent abondamment, *sans rien faire*, dans un vaste local où ils sont en liberté. — Préparer longtemps avant la course, abandonner son cheval pendant plusieurs mois après ; tout ceci, font observer les Arabes, signifie que vos chevaux, dans un *état artificiel,* servent très-peu à leurs maîtres. » Et en s'en allant, les Bédouins répétaient bien haut : « Que Dieu nous préserve de pareils usages ! »

XI

Le monde qui, depuis près de cinq mille ans, jouit des avantages de la locomotion sur deux ou quatre roues, est redevable de cette agréable et importante invention à un motif bien mesquin, c'est-à-dire à une jambe plus courte que l'autre. Il est vrai que cette jambe appartenait à une tête couronnée. Suivant Pline, ce fut Erichthonius, roi de Phrygie, qui, le premier, créa les chars, et cela, parce que ce monarque avait le déplaisir d'être affecté d'une claudication assez notable. Il imagina ce moyen afin de dissimuler sa base royale, s'étant aperçu depuis longtemps que la vue de ses jambes faisait tenir des propos sur la marche de son gouvernement.

Virgile confirme l'assertion de Pline, tout en embellissant poétiquement le motif de vanité infirme du royal inventeur.

> Érichthon, le premier, par *un effort sublime,*
> Osa plier au joug quatre coursiers fougueux,
> Et, porté sur un char, s'élancer avec eux.
>
> (DELILLE, traduction des *Géorgiques.*)

Nous ne suivrons pas les mille et une transformations successives de l'invention d'Erichthonius, que vint perfectionner, vers le milieu du quatorzième siècle, un Hollandais, nommé Carus, inventeur des carrosses couverts.

L'art du cocher, de même que celui du jockey, fait partie intégrante du sport anglais. Il existe à Londres un club spécial, fondé par Georges III, alors qu'il était prince de Galles, et appelé des *four in-hand* (attelages à quatre chevaux), dont les membres se piquent d'être les plus illustres cochers de l'univers. Le club entretient, avec les fonds de la société, un certain nombre de diligences (*stages*) destinées à exercer ou à faire briller le talent de ses membres. Les *four in-hand* portent, comme marque distinctive, une épingle *à volée,* c'est-à-dire représentant la pièce de harnachement caractéristique de l'attelage à quatre chevaux et à grandes guides.

Les premiers anglomanes français commencèrent à imiter leurs modèles par le côté de la prétention phaétonienne. On se rappelle encore le scandale que causèrent, vers 1784, quelques grands seigneurs de la cour de France, alors qu'ils se montrèrent dans les rues de Paris, faisant eux-mêmes les fonctions de cocher.

Pendant longtemps aussi, nos dandys ont placé le siège de leur gloire sur un coussin de voiture, et le fouet a été considéré comme une espèce de sceptre de la

mode. Mais peu à peu le jockey a absorbé le cocher.
Il y a une douzaine d'années, les automédons du beau
monde tenaient à faire preuve d'adresse et de courage en conduisant, debout, sur le siége élevé d'une

voiture, que, vu sa construction périlleuse, on nommait
une *mort subite*. Alors aussi on recherchait pour attelage les chevaux fringants et difficiles. Aujourd'hui, la
voiture n'est plus qu'un simple moyen de locomotion,
ou un prétexte pour briller par le luxe des harnais.
Après avoir *mené* les attelages de tant de façons diffé-
rentes, maintenant on ne les mène plus du tout. Le

cocher fashionable a cessé d'exister ; un *escargot* (1) lui a servi de corbillard.

(1) On appelle ainsi une petite voiture très-basse, actuellement à la mode.

XII

C'est chose curieuse à constater que la promptitude avec laquelle on peut être *entrainé* par les chevaux, au moral, de même que trop souvent au physique.

Un adolescent d'opulente famille sort du collége ; ses tendres parents lui accordent, soit comme plaisir, soit comme santé, soit comme utilité, les leçons du manége. Afin de déployer l'habileté et la grâce qu'il a pu acquérir à 50 sous le cachet, il se promène sur un cheval de louage. Mais il ne tarde pas à rougir de sa monture. Ses parents lui passent un cabriolet ; il faut un cheval ; bientôt après, il en faut deux : notre adolescent a ambitionné un phaéton. L'un des deux chevaux tombe malade, — il en faut trois.

N

C'est gentil ; mais la brillante voiture est mal attelée, mal menée : on prend un cocher anglais. Celui-ci, qui comprend la dignité de sa position sociale, et qui craindrait déroger en touchant à une étrille, refuse de se mêler du service de l'écurie : il demande un palefrenier, puis il demande des bouledogues d'écurie, puis il demande une perruque, puis il demande un poney pour lui servir à faire ses courses du matin.

Le cocher anglais n'est pas encore content : il se fait allouer un griffon, afin d'avoir une société sur son siége. Le jeune homme, enchanté, descend chaque matin en robe de chambre, et se promène dans sa cour transformée en ménagerie.

Le cocher anglais n'admet pas le vétérinaire. Les automédons britanniques ont l'habitude de se réunir dans une taverne anglaise, rue Favart, tenue par le valet de chambre de M. Antony Rothschild. Dans ce club, on ne cause que boxe, combats de chiens, de coqs, de rats, etc. C'est là que se sont engagés, il y a deux ans, les paris sur le combat de boxeurs entre Swift et Adams, importation albionaise si promptement réprimée par le dégoût public d'abord, puis par notre police correctionnelle. — Toutes les fois qu'ils ont une réunion au club, les cochers anglais administrent une médecine à leurs chevaux, et le maître ne peut pas sortir.

Notre jeune homme est encore conduit plus loin par son cocher. On lui fait sentir qu'il ne peut se dispenser d'établir une sellerie avec parquet ciré, au rez-de-chaussée de son hôtel. Une fois la sellerie achevée, il faut la garnir. Alors on lui fait acheter des harnais de toute espèce, harnais de ville, de voyage, de chasse, de traîneau, et harnais à quatre chevaux. Afin d'utiliser ce dernier genre de harnais, notre jeune homme, qui ne possède dans son écurie que la moitié d'un quadrige, s'associe avec un de ses amis et finit par se faire *mener à quatre*. Mais ses deux chevaux, une fois habitués à etre attelés ainsi, ne veulent plus aller à deux ; il faut donc nécessairement acheter une autre paire.

En suivant la pente où il est lancé, notre jeune homme ne peut se dispenser de se présenter au Jockey-Club ; puis il doit être bientôt amené *à faire courir*. Il monte donc un haras, et arrive ainsi, de son premier et unique cheval, à douze ou quinze chevaux. C'est ce qui nous fait dire que, lorsqu'un candide jeune homme met une fois le pied à l'étrier, il ne sait pas où cela peut le mener.

Voilà donc notre héros adolescent à la tête d'un haras. Il a loué, à cet effet, aux environs de Paris, un champ de carottes de cent mètres carrés. Là, il lâche

une vieille jument poulinière d'outre-Manche qui a toujours gagné le *derby* (grand prix anglais), et dont il attend l'accouchement avec la plus vive sollicitude. Ce moment fortuné arrive : le jeune homme s'empresse d'envoyer des lettres de faire part à tous ses amis. — La superbe bête anglaise met au monde un affreux poulain.

Le maître ne l'en considère pas moins comme un produit des plus distingués ; il le livre à des garçons de haras, puis à des entraîneurs ; le nom de l'animal est mis dans les journaux et dans les programmes. Au moment solennel de la course, le cœur de notre jeune homme palpite de joie et d'orgueil.... son poulain arrive le dernier.

Dégoûté par cet échec, il renonce aux chevaux, aux haras, aux palmes olympiques, et se marie ou se fait attacher à une ambassade plus ou moins persane.

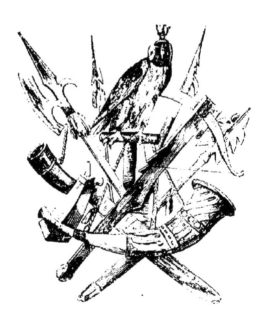

XIII

DE LA NOBLESSE DE CHEVAL, POUR FAIRE SUITE A LA NOBLESSE DE ROBE
ET A LA NOBLESSE D'ÉPÉE.

Un fait généralement assez peu connu, c'est que le cheval a la prérogative de créer des barons, des comtes, des marquis, ni plus ni moins qu'une royale chancellerie.

Cette noblesse chevaline se confère de deux façons : d'abord par l'admission au Jockey-Club. Là, tous les membres *doivent* être nobles comme ils doivent être jeunes. Chacun d'eux a la satisfaction de s'entendre qualifier, par les garçons de service, d'au moins un titre de baron.

Autre genre d'anoblissement. Un jeune homme quelconque possède un attelage ; il se présente, pour acheter une voiture, chez Herler, Thomas Baptiste, Clochez ou Keller, les carrossiers à la mode. Ceux-ci ne livrent jamais un cabriolet sans mettre une couronne de baron sur les panneaux. Si c'est une calèche, l'acheteur est gratifié d'une couronne de comte.

Il faut dire aussi que cette noblesse est souvent fragile et transitoire. Ainsi le carrossier à la mode continue d'appeler respectueusement son acheteur M. le baron ou M. le comte, jusqu'au moment où, le prix de la voiture n'étant pas payé à l'échéance, il lui lance une assignation où il le qualifie de *sieur un tel*.

S.

XIV

DES MANÉGES.

Nous avons déjà signalé la splendeur dont jouissaient autrefois ces sortes d'établissements; mais ce que nous n'avons pas dit, c'est qu'il y régnait la plus grande sévérité d'étiquette. Et d'abord on n'y était admis qu'en costume de rigueur : habit à la française, poudre, culotte blanche, bottes à l'écuyère et chapeau à cornes dit lampion. L'élève, en entrant, devait saluer cérémonieusement; puis, une fois à cheval, il était tenu, à chaque reprise, d'abaisser son tricorne en passant devant les professeurs.

Cette étiquette aristocratique s'était maintenue dans les manéges, même sous la république. Nous lisons, en effet, dans l'ouvrage du citoyen Charles Thiroux, « qu'il compte sur l'austérité des mœurs républicaines *pour retaper tous ces chapeaux à la française.* »

Ce vœu spartiate s'est accompli de nos jours. Écoutons un ancien écuyer, M. Aubert, se lamenter sur le sans-façon qui règne dans les manéges actuels, et s'écrier avec une profonde indignation : « Ce n'est plus un ma-« nége, mais un champ de foire, un marché où l'on « entre à l'anglaise, c'est-à-dire le chapeau sur la tête, « où l'on fume comme dans une tabagie. » Le regret de la botte à l'écuyère et du chapeau à cornes a prêté peut-être un peu trop d'amertume à ce tableau. M. Aubert aurait dû réfléchir que tout se tient dans les mœurs et les usages. Nous dirons donc qu'aujourd'hui la tenue d'un manége ne diffère presque pas de celle d'un salon. Certes on ne saurait exiger plus. — Reste à savoir si c'est l'écurie qui s'est rapprochée du salon ou le salon de l'écurie.

On compte en ce moment à Paris neuf manéges ; c'est à peu près un manége par cent mille habitants. Cependant, vu le dédain à peu près général où est tombée l'équitation ; vu l'opinion nouvellement accréditée, que l'homme va à cheval comme le jeune canard à l'eau, c'est-à-dire tout naturellement, les manéges parisiens, bien que si peu nombreux, par rapport à la population, ont peine à suffire à leurs énormes frais. On le conçoit lorsqu'on entend aujourd'hui tant de gens dire très-sérieusement : « Douze cachets à 50 sous, pour ap-« prendre, en quinze jours, à monter à cheval, *c'est* « *bien cher et bien long.* »

Reste à comprendre comment, alors que l'on continue à reconnaître la nécessité d'un noviciat pour toutes espèces d'arts, d'exercices, de métiers, même les plus simples, on a pu en venir à se persuader que la science si difficile et si compliquée de l'équitation est une affaire d'instinct. Enfin le fait existe ; il est convenu présentement que l'on peut devenir deux choses, sans études ni apprentissage, — cavalier et homme d'État.

On a croqué de nombreuses caricatures sur les scènes

qu'offrent les débutants au manége, sur ces corps os-
cillants en avant et en arrière comme un pendule,
s'accrochant convulsivement aux crins ou à la selle,
soubresautant à chaque foulée de trot, ainsi qu'une

grenouille soumise à l'action de la pile de Volta, et
sur les émotions piteuses que communiquent à la figure du novice cavalier des chagrins cuisants ayant
leur source dans une région fort opposée. Le fait est
que l'humanité, en général, est assez grotesque lorsqu'elle apprend à monter à cheval.

Quelques manéges ne reçoivent pas seulement des
commençants et des élèves ; ils sont en outre fréquen-
tés par des amateurs en réputation. Nous citerons
principalement les manéges de M. le vicomte O'Gherty,
de M. le vicomte d'Aure, et le manége Pellier et Baucher. Ce dernier établissement surtout a une physio-
nomie singulièrement animée et pittoresque ; là, on
voit trotter et galoper un abrégé de la société ; toutes

les classes, tous les rangs y sont représentés et con-
fondus dans l'égalité de *la piste* (1); là, se trouvent réu-
nis des lions de l'aristocratie, de la fashion et du sport,
des commerçants, — des journalistes, des membres du
conseil d'État, — d'opulents héritiers, des peintres, —
des artistes dramatiques, des magistrats, — des officiers
de tous grades, sans compter des Anglais, des Russes,
des Espagnols, etc. L'heure des leçons passée, un cercle se forme autour des piliers, et on se livre à de
joyeuses et piquantes causeries; le calembour y est
même permis, mais à pied seulement. Sous le rapport de l'agrément et de l'esprit, les *matinées* du
manége Pellier et Baucher sont peut-être préférables
à bien des soirées dites littéraires ou académiques.

(1) On appelle ainsi la ligne de terrain de manége que doivent
suivre les cavaliers.

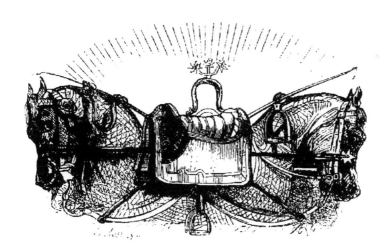

XV

ÉLÉGIE SUR LES LOCATI.

Les manéges parisiens ont été obligés de chercher
un moyen accessoire de bénéfice dans la location des
chevaux. Dès lors, leurs écuries ont été vouées au
martyre. L'usufruitier d'un cheval de promenade n'en
use point, conformément à la prescription formelle du
code civil, en *bon père de famille*; au contraire, il croit
avoir, pour quelques écus de cent sous, acquis le droit
de *consommer* sa monture, de même que le rustre qui
a payé un dîner au restaurant veut avaler jusqu'au
dernier morceau.

Tel qui loue un cheval pour aller se promener au
bois de Boulogne se garde bien d'ajouter qu'il se propose de revenir par Sceaux ou Montmorency. Et lorsqu'il rentre en ville après un pareil *extra*, il confie le
soin de reconduire son cheval au manége à des com-

missionnaires qui ne le ramènent qu'après l'avoir encore fait galoper pour leur compte particulier.

A la vérité, les chevaux de manége ainsi surmenés
et excédés appliquent quelquefois la loi du talion à
leurs cavaliers, comme on le verra dans le chapitre
suivant. Ce n'est assurément de leur part qu'une juste
et imparfaite représaille. Les pauvres bêtes sont toujours plus à plaindre qu'à blâmer.

XVI

Dans le courant de la semaine on ne compte guère
plus de trois ou quatre cents cavaliers à Paris (non
compris la garde municipale bien entendu ; nous parlons tout simplement des lions ou soi-disant tels qui
galopent dans les allées du bois de Boulogne). Mais le
dimanche, le nombre des centaures parisiens s'élève
tout à coup à huit ou neuf cents.

Ce surcroît énorme provient de la passion frénétique
qui envahit tous les samedis soirs une foule de jeunes
gens, lesquels, arrivés à l'âge de vingt ans et ne con-
naissant le cheval que de nom et de vue, profitent de
la première occasion où ils ont un jour de liberté et
quinze francs dans leur gousset pour se livrer aux délices
d'une promenade sur un bucéphale de location. Ces
apprentis cavaliers sont d'ordinaire des rhétoriciens,
des étudiants de première année, de jeunes commis de

magasin ou des voltigeurs de la garde nationale qui aspirent à s'enrôler dans la 15ᵉ légion.

Tous ces amateurs choisissent avec beaucoup de discernement le dimanche afin de se livrer à cet exercice inaccoutumé. Ils s'essoufflent, se donnent des transpirations et des courbatures ; — c'est leur manière de fêter ce qu'on appelle le jour du *repos*.

Les coursiers de manége se divisent en deux classes bien distinctes, à savoir les chevaux qui marchent trop et les chevaux qui ne marchent pas assez. A la rigueur, on pourrait établir une troisième classe qui est celle des chevaux qui ne marchent pas du tout.

Sauf ces petits défauts, on a mille agréments avec ces coursiers à douze francs par jour. On pourrait même dire qu'on ne paye pas un franc par surprise, car avec eux on marche de surprise en surprise, — quand on marche.

Le jeune homme qui va goûter pour la première fois le bonheur de l'équitation arrive à l'écurie qui renferme les andalous avec un battement de cœur aussi violent que celui que l'on éprouve quand on accourt à un premier rendez-vous amoureux. Il va sans dire que cet heureux jeune homme porte à la main une très-grande cravache, et aux talons de ses bottes de très-longs éperons. Ce n'a même pas été déjà un médiocre plaisir que celui de faire siffler sa cravache tout le long du chemin en fendant l'air d'une façon cavalière, ni une médiocre satisfaction que celle de faire résonner l'acier de ses éperons sur les pavés les plus larges et les plus retentissants.

La première opération, qui consiste à enfourcher le cheval, se passe ordinairement d'une manière assez satisfaisante, attendu qu'un garçon d'écurie tient la tête de l'animal pendant que deux autres palefreniers poussent le cavalier. Mais une fois que le couple, composé du bipède et du quadrupède, se trouve à vingt-cinq ou trente pas de l'établissement où le dernier a laissé ses amis et sa litière, les choses commencent à changer de face... et le cheval aussi.

Voici la série de surprises que l'on peut éprouver moyennant ses douze francs.

A cinquante pas de l'écurie, l'animal s'arrête tout court, a l'air de réfléchir un instant, comme un homme qui a oublié quelque chose à la maison ; puis il fait volte-face et retourne à l'écurie au trot et sans s'inquiéter le moins du monde des observations que son cavalier peut lui faire.

Seconde surprise. — Le pur-sang de louage est sujet à des défaillances dans les jambes ; il peut s'agenouiller brusquement et mettre son cavalier à même d'examiner de fort près les différents essais de pavage.

Troisième surprise. — Le cheval peut ne pas aimer les coups de cravache ou les coups d'éperon ; — il peut avoir une antipathie très-prononcée contre les chiens, les ânes, les culottes garance des fantassins français ; — il peut être excessivement nerveux et détester le bruit du tambour, des orgues de Barbarie, etc. En ce cas, si, par malheur, il rencontre l'un des objets qu'il a en grippe, le trop susceptible quadrupède prend immédiatement la mouche et le grand galop. Le jeune cavalier, qui ne comptait aller qu'au bois de Boulogne, va jusqu'à Neuilly ou même jusqu'à Versailles.

Nous disons que le jeune homme se rend à Neuilly, mais cela n'arrive pourtant pas toujours. Quelquefois il se rend tout simplement au beau milieu d'une boutique de marchande de modes. Cette entrée ne manque pas d'éclat, attendu que l'animal brise toutes les vitres.

Si l'entrée est peu flatteuse, en revanche la sortie est fort humiliante. Le public s'amasse dans la rue, les modistes crient, les portiers du voisinage accourent, quelquefois même la garde municipale s'en mêle. Et lorsque le cheval, tiré par devant, poussé par derrière, a bien voulu quitter l'asile de son choix, il se trouve que le cavalier, qui pensait ne devoir payer que douze francs pour sa partie de plaisir, se voit présenter en outre une note de cinq cent quarante-sept francs pour glaces brisées, bonnets chiffonnés, chapeaux détériorés, comptoir endommagé, modistes évanouies, etc. C'est étonnant combien, dans ce siècle économique, il en coûte cher encore pour se promener à cheval dans un magasin de modes.

Nous n'en finirions pas si nous voulions énumérer tous les genres de surprises..... et les chevaux qui s'avisent de ruer, et ceux qui se mettent la tête entre les jambes, et ceux qui se dressent comme un obélisque, et...... Nous aimons mieux arriver d'emblée à la morale de ce chapitre, que nous formulerons, comme il suit, à la façon de la Bruyère : « Les chevaux ressemblent aux écrivains ; ce sont des ingrats de qui ont rarement à se louer ceux qui les louent. »

XVII

Il résulte de nos précédentes observations, que le dandy de la rue Saint-Denis et autres latitudes, qui va se promener sur un cheval de manége, a toujours une certaine prétention (malheureuse, il est vrai) à la fashion et à l'habileté équestre. Il n'en est pas de même de ceux qui cultivent les galopades de Romainville, de Saint-Germain et de Montmorency. Là on trouve, si nous pouvons nous exprimer ainsi, le cavalier *brut*.

Chacun sait que les cavalcades sont une partie obligée des plaisirs de la villégiature parisienne. Dans beaucoup de communes de la banlieue, et notamment dans celles que nous venons de nommer, on offre aux amateurs quelques douzaines de bêtes boiteuses, décharnées, écorchées, sous prétexte de chevaux.

9.

Les jeunes gens de commerce, les étudiants et les grisettes qui s'élancent avec ivresse sur le dos de ces coursiers apocryphes, ou plutôt sur le morceau de bois qui leur tient lieu de selle, n'aspirent point à déployer des grâces équestres, mais seulement, comme ils le disent, à s'amuser et à se *donner de bons temps de galop.* Les cavalières montent sans apprêts, avec la robe et le chapeau de ville; leur châle flotte au loin derrière elles comme une pelisse de hussard. Les cavaliers n'ont ni éperons ni cravache; ils suppléent à ces aides classiques en coupant dans la forêt quelque jeune arbre. Telle est la *badine* dont ils se servent pour exciter leurs coursiers.

Les chevaux de manége, sur le sort desquels nous nous attendrissions tout à l'heure, sont de vrais sybarites, en comparaison des *locati* de banlieue. Si la plaisanterie était permise en si triste matière, nous dirions qu'une fois hors de l'enceinte de l'octroi, la férocité du cavalier parisien ne connaît plus de barrières.

Les malheureuses bêtes parcourent la carrière de la vie dans une perpétuelle alternative de coups de talon et de coups de bâton. Pour quinze à vingt sous par heure, on acquiert le droit d'user ce qui leur reste de souffle et de jambes. On peut impunément les couronner, ou plutôt les recouronner; on n'est rigoureusement tenu de ramener que la peau.

Ajoutons que les cavaliers ruraux *jouissent* de ces priviléges dans toute leur étendue. Ce manque de pitié pour le malheur, la vieillesse et les infirmités, ces scènes de barbarie se voient journellement sur de vertes pelouses, sous de frais ombrages, au milieu de tableaux champêtres. Et les poëtes, les moralistes viendront encore soutenir que la vue de la belle nature inspire des émotions tendres et adoucit les mœurs!

XVIII

LES CAVALIERS MILITAIRES (1).

Lorsque, en vertu de la loi relative à la levée annuelle de 80,000 hommes, loi toujours votée très-régulièrement par les chambres, les jeunes Français jouent sept ou huit des plus belles années de leur existence sur un numéro, ceux qui perdent à cette

(1) Sur le rapport de l'une des premières notabilités équestres de l'armée, M. le lieutenant général marquis Oudinot, le ministre de la guerre a ordonné récemment que l'on ferait des essais d'application de la nouvelle méthode Baucher à notre cavalerie. Déjà les épreuves tentées ont obtenu de prompts et d'étonnants résultats. Si, comme tout semble l'indiquer, cette mesure se généralise, elle produira sans aucun doute d'importantes améliorations, pour le dressage des chevaux, l'instruction des cavaliers et la précision des manœuvres.

espèce de roulette sont enrôlés, comme le dit encore l'*Almanach des Muses*, sous les *drapeaux de la gloire*. Si le héros en herbe a cinq pieds un pouce (vieux style), il servira son pays à pied ; — s'il a cinq pieds deux pouces et demi, on en fait un chasseur à cheval ou un hussard ; — à cinq pieds quatre pouces, il a la chance d'être proclamé lancier ou dragon ; — cinq pieds cinq pouces lui jettent une cuirasse sur les épaules ; — cinq pieds six pouces font de lui un carabinier ou un artilleur. D'après les ordonnances militaires, toujours immuables et absolues, on ne se règle que sur la taille pour l'admission dans la cavalerie, sans tenir compte du goût et des dispositions du sujet pour l'exercice du cheval, ce qui serait peut-être au moins aussi essentiel. De même encore, on juge inutile d'examiner si la construction naturelle de ses genoux et de ses jambes lui permettra physiquement de prendre la position du cavalier exigée par la théorie. Mais les lois et les examinateurs militaires n'entrent pas dans ces considérations-là : ainsi, un article de théorie, commun aux fantassins et aux cavaliers, leur prescrit, sous les armes, « d'avoir les yeux fixés *droit* devant eux. » Or, les yeux louches ne sont pas un cas de réforme.

C'est surtout dans nos régiments de cavalerie qu'on peut se convaincre de la vérité de cette observation que nous avons posée précédemment, à savoir : que les Français, en général, n'ont pas, comme les Anglais, une passion naturelle pour le cheval. On nous a assuré que des cavaliers tâchent d'encourir des punitions qui puissent les faire passer dans l'infanterie. On s'est également aperçu que beaucoup de conscrits, très-peu sensibles aux charmes des leçons d'équitation, cherchaient à s'y soustraire en alléguant des contusions dans un endroit sur lequel ils demandaient à ne pas s'expliquer davantage. Afin de savoir au juste à quoi s'en tenir sur ces motifs d'excuse, il est d'usage maintenant qu'avant de partir pour l'exercice, les maréchaux des logis d'instruction passent une revue des...., enfin de la partie susceptible d'être endommagée.

D'un autre côté, l'exercice obligatoire du cheval paraît suffire pour éteindre le goût équestre chez beaucoup d'officiers de cavalerie. Un de nos amis (un peu paradoxal, il est vrai) posait à ce propos la règle de proportion suivante : — L'officier de marine monte souvent à cheval *par plaisir* ; — l'officier d'infanterie y monte quelquefois ; — l'officier d'artillerie, rarement ; — l'officier de cavalerie, jamais.

XIX

INGRATITUDE DES HÉROS ET DES HISTORIENS ENVERS LES CHEVAUX DE BATAILLE.

Nous avons expliqué comment la bravoure du cheval provient d'un excès de peur; mais n'importe, cette bravoure existe; et, en pareille matière, il faut toujours s'en tenir aux apparences. Eh! mon dieu! si chez les hommes eux-mêmes, on s'avisait de vouloir scruter et analyser ce sentiment, que de héros peut-être seraient exposés à perdre leur valeureux prestige. Le sceptique M. de Voltaire ne fait il pas dépendre parfois le courage d'une bonne digestion.

Donc, le cheval étant brave, par un motif quelconque, il est bien certain qu'il a une part très-grande, souvent principale, à une foule de traits héroïques et de belles actions qui se commettent sur les champs de bataille. Par suite de cette perpétuelle application du *sic vos non vobis* qui régit le monde, il n'en revient jamais au noble quadrupède ni honneur ni profit : que le cheval prenne un belliqueux mors aux dents et se précipite au milieu des rangs ennemis, le bulletin proclamera que le cavalier a été *emporté par sa bouillante ardeur.*

Les grands capitaines, qui savent combien ils ont été souvent redevables à leurs coursiers, ne leur accordent

pas la plus légère mention dans les ordres du jour, et les historiens se rendent complices de cette ingratitude De tous les héros chevalins, on n'a transmis à la postérité que les noms de Bucéphale, le cheval d'A-lexandre, de Bayard, le cheval de Renaud, et de Bride-d'or, le coursier de Roland. Par exemple, le fameux cheval blanc de Napoléon, qui a porté son maître sur tant de victorieux champs de bataille, n'est pas même connu de nom aujourd'hui. M. Émile Marco de Saint-Hilaire n'a pas jugé à propos de lui consacrer le moin-dre *Souvenir intime.*

Afin de réparer, autant qu'il est en nous, cet injuste oubli, et de sauver la mémoire du glorieux animal, nous nous ferons un plaisir de lui accorder une courte, mais exacte notice biographique. Il s'appelait *Ali*, était de sang arabe, et avait été pris en Égypte sur Ali-Bey, par un dragon du 18ᵉ régiment, qui le monta pendant quelque temps. Reconquis par les mameluks et repris par les Français, il plut au général Menou, qui en fit l'acquisition pour un prix fort modique, l'amena en Europe et le céda au premier consul ; celui-ci l'étrenna sur le champ de bataille de Marengo. Dès lors *Ali* devint le cheval favori de Napoléon. L'empe-

reur le montait de préférence dans ses campagnes et notamment à la bataille de Wagram. On ignore sur quelle obscure litière l'illustre animal, couvert de tant de lauriers, a terminé son destin.

Bref, parmi tous les vainqueurs célèbres, nous ne

connaissons que le bon Job (du *brasseur de Preston*) qui
ait rendu à son cheval de guerre toute la justice qu'il
méritait, en chantant :

> . . . . Si j'ai gagné la bataille,
> Vois-tu, c'est grâce à mon cheval.
> Car si j'ai bravé la mitraille,
> C'est que j'étais sur mon cheval ;
> Je n'aurais pas eu la victoire,
> Si j'avais été sans cheval ;
> Si je me suis couvert de gloire
> C'est que j'avais un bon cheval ;
> Enfin, la chose est bien certaine,
> Notre triomphe est sans égal,
> S'il est une justice humaine,
> > O mon cheval !
> > Noble animal,
> Puisqu'on me nomme capitaine
> On doit te nommer général.

Nous nous trompons pourtant, il existe un héros qui
a encore poussé plus loin que Job (du *brasseur de
Preston*) la reconnaissance envers sa monture de
guerre. C'est le duc de Wellington, qui, pendant dix-
neuf ans, a conservé et choyé dans ses écuries, fait fi-
gurer en pompe dans la cérémonie anniversaire du 18
juin 1815, et finalement enterrer avec les *honneurs militaires*, COPENHAGUE, le cheval avec lequel il n'avait pas
gagné la bataille de Waterloo.

Appendice. Si, de nos jours, les chevaux des grands
capitaines de l'empire ont été oubliés, abandonnés à
l'humiliation du fiacre ou du tombereau , nous devons dire qu'en revanche la jument grise de madame
Lafarge a puissamment excité l'intérêt public. Cette
relique, bien que poussive, a été disputée et achetée
fort cher à l'encan du Glandier.

XX

LES CAVALIERS FANTASTIQUES.

Dans cet opuscule consacré à redresser beaucoup de
préjugés chevalins, nous ne pouvons nous dispenser
de combattre l'opinion assez généralement accréditée
que les cavaliers de la 13ᵉ légion de la garde nationale
montent à cheval : c'est là une des graves erreurs de
l'époque.

Aussi, les avons-nous rangés dans la catégorie des *cavaliers fantastiques*. En effet, la spécialité équestre des
membres de la 13ᵉ légion n'est qu'une légende, un
conte d'Hoffmann. On prétend à la vérité que jadis,
dans des temps qu'on pourrait appeler fabuleux, le
peloton de garde aux Tuileries défilait au trot, l'espace
de vingt-cinq pas, devant le pavillon de l'Horloge. Au-

jourd'hui, il ne reste plus de vestige de ce signe de vie cavalière. Les annalistes racontent que ce trot de vingt-cinq pas a été supprimé, à cause des accidents qu'il pouvait occasionner. Ajoutons que les membres de la légion soi-disant de cavalerie se montrent fort peu à leur aise avec les divers objets de l'équipement éques- tre. Les éperons (qui, par parenthèse, sont d'une lon- gueur démesurée) gênent singulièrement leur marche, ou bien encore, ils s'embarrassent les jambes avec leur bancal. Bref, le garde citoyen à cheval serait le plus parfait et le plus heureux des cavaliers, s'il n'avait ni cheval, ni sabre, ni éperons.

Telle est la réalité prosaïque que nous nous croyons obligé de rétablir relativement à cette superbe garde nationale, dont nous sommes susceptible de ne pas frotter avec.

XXI

LES AMAZONES.

LA FEMME DU MONDE ET LA LORETTE A CHEVAL.

Le nom d'*amazone* a été de tout temps synonyme de la femme qui se montre cavalière, gracieuse et intrépide. En égard à la condition essentielle pour qu'une opinion et un dicton deviennent proverbiaux en ce monde (voir notre premier chapitre), nous ne nous étonnons point que les amazones aient passé jusqu'à ce jour pour types des écuyères, d'autant mieux qu'il paraît certain que ces illustres héroïnes ne montaient jamais à cheval.

L'assertion semblera peut-être neuve et hardie, mais nous pouvons l'appuyer d'un témoignage à peu près contemporain et authentique. Voici ce que nous lisons dans un ancien historien grec, Philostrate :

« Les amazones faisaient trembler les peuples et renver-
« saient les empires en combattant *à pied*. Ayant
« voulu détruire le temple d'Achille, par haine du
« héros masculin auquel il était dédié, elles s'aper-
« çurent qu'une nombreuse cavalerie environnait l'é-
« difice sacré. Les Amazones tentèrent inutilement de
« le forcer par leurs *armes ordinaires* (c'est-à-dire le
« combat *à pied*). Voulant jouir de *tous* les genres de
« gloire, elles résolurent d'opposer les escadrons aux
« escadrons de leurs ennemis. Mais à la première at-
« taque, leurs chevaux effrayés galopèrent *en désordre*,
« *les renversèrent toutes*, les foulèrent aux pieds et leur
« firent essuyer une défaite honteuse, la seule qui ait
« souillé leur histoire. »

Ne résulte-t-il pas évidemment de ces divers pas-
sages, non-seulement que les Amazones étaient tout à
fait inexpérimentées dans l'exercice de l'équitation,
mais encore qu'elles n'ont monté qu'une seule et
unique fois à cheval. Nous le répétons, c'est précisément à cause de cela qu'elles devaient être adoptées
comme symbole de la cavalerie du beau sexe ; si elles
eussent réellement combattu à cheval, il est probable
qu'elles auraient acquis une renommée *fantassine*.
Ainsi va le monde, ainsi vont les proverbes.

Nous avons divisé les femmes qui montent à cheval
en deux classes : — la femme du monde et la Lorette. Il
y en a encore bien une troisième, composée de cette
portion d'un *sexe modeste et timide,* qui se fait gloire de
participer aux courses, aux défis, aux paris, en un mot,
aux exercices les plus hardis et les plus cavaliers du
sport, et qu'on appelle des *lionnes*. Si nous ne consa-
crons pas à ces dames une description spéciale, c'est
que nous ne pourrions que répéter ce que nous avons
dit des hommes du sport. La seule différence sensible
consiste dans les moustaches.

Revenons à notre division.

10.

La femme du monde fait de l'exercice du cheval une distraction, et non une occupation. Elle a appris à monter à cheval dans la cour de son hôtel ou dans le parc de son château. La Lorette a consommé quelquefois une douzaine de cachets au manége, mais le plus souvent elle ne s'instruit que par ses chutes, et prend les leçons du malheur.

La femme du monde est toujours vêtue d'une amazone de couleur sombre, elle porte un chapeau d'homme orné d'un voile noir. Elle se présente d'un

air aisé, sa cravache dans la main droite; les pans de son amazone, légèrement relevés de la main gauche, laissent apercevoir un élégant soulier, armé d'un petit éperon d'argent. Appuyant à peine le pied gauche sur la main qui doit l'aider à monter, elle s'élance légèrement en selle, et n'attend pas les conseils de son cavalier pour se placer d'une façon solide et gracieuse. L'homme qui l'accompagne est toujours d'une tenue irréprochable à cheval, du côté de la toilette du moins, sinon du côté de l'équitation classique. La

femme du monde soutient la conversation avec aisance
et enjouement ; elle n'a pas l'air de s'occuper de son
cheval, si ce n'est pour le flatter quelquefois de la main.
La femme du monde aime l'équitation, mais le plaisir qu'elle en retire est calme ; elle le concentre facilement, et ne le laisse point éclater en expressions
bruyantes et exagérées ; elle en subit tous les petits
inconvénients, sans en faire un sujet d'entretien dans
la société. En un mot, elle est ici, comme partout,
femme comme il faut.

— Au premier abord, la tenue de la Lorette qui monte à
cheval ne diffère point de celle de la femme du monde. Il
y a cependant des différences assez tranchées. L'amazone
de la Lorette est toujours d'une couleur *voyante*, le plus
ordinairement vert-pomme ou bleu de ciel. Elle rejette
le chapeau et le voile noir, et les remplace par un
chapeau à la Henri IV, orné de plumes. Quelquefois
elle préfère une casquette, légèrement inclinée sur le
côté. Ainsi costumée, la Lorette marche d'un air triom-
phant qui ne tarde cependant pas à se démentir un peu
lorsqu'elle approche de son cheval.

Comme but de promenade, la Lorette préfère les
Champs-Élysées au bois de Boulogne. Le bois est pour
elle sans charmes, du moment que l'on ne s'arrête pas
chez Borée ou chez Gilet. Les Champs-Élysées lui
offrent un spectacle plus varié, un tableau plus vivant.
C'est donc dans la grande allée qui conduit à l'Arc de
triomphe qu'elle aspire à faire briller ses grâces
équestres.

Quand il s'agit de se mettre en selle, la Lorette présente
indifféremment le pied droit ou le pied gauche, ce qui
ne laisse pas d'embarrasser son novice cavalier de vingt
ans. Celui-ci est forcé communément de réclamer les
conseils d'un palefrenier plus expert.

Inutile de dire que le cheval de la Lorette est loué
dans un manége. Une fois posée sur l'enfourchure à

l'anglaise, la Lorette paraît fort peu rassurée; bien
que la justesse de ses gants lui permette à peine de
fermer les doigts, elle saisit avec force les rênes de la
bride, et s'y cramponne aux premiers pas de sa monture. Son corps est plus que penché en avant, son pied
ne reste pas toujours dans l'étrier, et ce n'est pas sans
beaucoup de peine qu'elle parvient à rencontrer une
espèce d'équilibre. L'immuable docilité de son coursier
de manége finit cependant par lui inspirer de la confiance. Et comme, par nature, la Lorette donne toujours dans les extrêmes, sa confiance dégénère bientôt en une véritable témérité. Sur les boulevards,
elle ne cesse d'adresser de gracieux sourires aux nombreuses connaissances qu'elle rencontre, ce qui pourrait bien parfois blesser au vif les sentiments du dandy
adolescent qui l'accompagne, si celui-ci n'était heureusement trop occupé à se maintenir en selle pour s'en
apercevoir.

Ce jeune compagnon, contempteur des leçons du
manége, appartient à cette classe que nous avons appelée les *cavaliers de la nature*. Aussi, absorbé qu'il est
dans les préoccupations de son équilibre personnel,
se trouve-t-il hors d'état, une fois la promenade enta-
mée, de venir en aide à sa compagne toujours assaillie
d'une foule d'accidents, tels que le chapeau qui se dé-
tache, la cravache ou le mouchoir qui tombe, la selle
qui tourne, etc. Obligée de recourir à l'assistance d'un
piéton complaisant, la Lorette, qui d'ailleurs a surpris
des regards moqueurs provoqués par ses mésaventures
et par l'air gauche et embarrassé de son cavalier, rentre chez elle excédée, moulue, et d'une humeur *mas-
sacrante*. — La vue d'une chaise la fait tressaillir.

Comme on doit s'y attendre, sa colère retombe sur le
jeune et novice dandy. L'infortuné, querellé, injurié,
souvent même congédié, jure de ne plus faire désormais que des connaissances à pied.

— Nous ne devons pas oublier de comprendre parmi les amazones quelques jeunes artistes lyriques ou prétendues telles, qui, ayant ouï dire que madame Malibran était une intrépide écuyère, veulent ressembler, du moins sous ce rapport, à la célèbre cantatrice. Il est, en effet, plus facile d'imiter son cheval que son talent.

F. GIRAUD.

XXII

Un jeune sportsman a toujours à raconter, dans la
société, les prodiges incomparables de vitesse accom-
plis par son pur-sang. Ce sont des trente-deux lieues
faites en huit heures, des haies pyramidales, des
fossés incommensurables, franchis sans résistance et
sans effort. Ici c'est le contraire de ce que nous disions
à propos des coursiers d'hippodrome et de bataille. —
Le cheval a beaucoup d'honneur sans s'être donné la
moindre peine .

XXIII

LES CHEVAUX QUI CRÈVENT ET QUI SE PORTENT BIEN.

Il se crève journellement une multitude de chevaux... dans les romans, dans les vaudevilles et dans
les récits de chasseurs. Pour un point d'honneur, un
caprice, le désir d'arriver plus tôt à un rendez-vous d'a-
mour, pour un rien, en un mot, on n'hésite pas à *crever
son meilleur cheval*. Heureusement ces sortes de sacrifices sont fort rares dans la réalité. L'existence des
chevaux est trop *chère* à leurs cavaliers, maintenant
surtout qu'ils coûtent de 3 à 10,000 francs.

XXIV

La question de l'amélioration des races chevalines en
France, si longtemps dédaignée et traitée à la légère,
paraît devoir enfin préoccuper sérieusement l'attention
publique. On a compris qu'il est important d'essayer
de relever notre pays de l'infériorité hippique où il se
trouve relativement à l'étranger, non-seulement sous
le rapport de l'amour-propre national, mais encore
sous le rapport de l'intérêt pécuniaire. Ainsi, il résulte
d'une statistique publiée récemment, que le nombre
des chevaux étrangers importés en France depuis le
commencement de 1823 jusqu'à la fin de 1840 s'élève
à 346,181. Le chiffre des exportations est seulement
de 71,973. En évaluant à 500 fr. la valeur moyenne des

chevaux, il résulte que la France, qui a dépensé hors du territoire 123 millions, n'a reçu en échange que 36 millions. — Déficit net, 87 millions.

Envisagée sous le point de vue de notre puissance militaire, la question de l'amélioration chevaline acquiert une bien plus haute importance. Les journaux allemands ont rapporté que, lors du voyage des jeunes princes d'Orléans à Vienne, il y a quelques années, l'archiduc Charles leur dit : « La presque totalité de vos cavaliers que nous avons faits prisonniers, pendant les guerres de l'empire, sont tombés entre nos mains *par la faute de leurs chevaux.* »

Au nombre des causes de notre déchéance hippique, il faut placer en première ligne le défaut d'esprit national qui, en matière de chevaux, comme en beaucoup d'autres, nous porte à ne rechercher et à n'estimer que ce qui vient de l'étranger. Ce défaut, en France, date de fort loin. Ainsi, en 1618, M. de Pluvinel, après avoir parlé des chevaux espagnols, anglais, persans, turcs, etc., disait au roi Louis XIII : « Pour moy, je « trouve, sire, que ceux qui naissent en vostre royaume, « sont aussi bons ou meilleurs qu'aucuns de ceux qui « nous viennent de toutes les nations ; car j'en ai vu « de Gascogne, d'Auvergne, de Poictou, de Limosin, « de Normandie, de Bretaigne, de très-excellens. Et *si* « les princes et la noblesse de vostre royaume *étoient* « *curieux de faire race de chevaux, il n'y a lieu au monde* « *où il n'y en eût de si bons, car j'ai remarqué que ceux* « *qui y naissent ont toutes les qualités du bon et beau* « *cheval.* »

On voit, d'après ce passage, qu'au commencement du dix-septième siècle, comme aujourd'hui, les hautes classes donnant le ton méprisaient la production indigène et se faisaient honneur de se rendre tributaires de l'étranger. Seulement, à cette époque, la fashion française recherchait de préférence les chevaux an-

dalous. C'était de l'espagnolomanie au lieu de l'anglomanie.

Il est un fait universellement reconnu dans tous les
temps, c'est que la race arabe est la race par excellence.
Les Arabes se vantent que leurs incomparables cour-

siers proviennent en ligne directe des haras du grand
roi Salomon. Mais la Bible contredit quelque peu cette
vanité bédouine. Nous y lisons « que Salomon avait
quarante mille chevaux d'attelage et douze mille chevaux de selle, et que ces chevaux étaient *tirés de l'É-
gypte*. EDUCEBANTUR EQUI SALOMONIS EX ÆGYPTO. »
(*Regum*, cap. 10, v. 28). Donc, le grand roi n'avait pas

de haras ; en fait de production, Salomon se contentait de produire des proverbes.

Quoi qu'il en soit, la beauté et la supériorité du sang arabe ont toujours joui d'une réputation universelle et non contestée. Cette supériorité tient au culte, on peut presque dire religieux, que les Arabes professent pour leurs races chevalines, au soin vigilant qu'ils apportent à empêcher les *mésalliances* et enfin à la régularité scrupuleuse avec laquelle sont tenus les registres de *l'état civil* de leurs chevaux. La naissance d'un poulain a toujours lieu devant six témoins, qui signent au bas de l'acte de nativité en bonne forme. Une croyance de la religion arabe, c'est qu'ils attireraient sur eux et sur leur famille la colère céleste, qu'ils seraient punis dans ce monde et damnés dans l'autre, s'ils se permettaient la moindre tromperie, le moindre parjure en ce qui concerne l'âge, l'origine et les qualités d'un cheval. Les maquignons d'Europe, qui se montrent arabes sur tant de points, devraient bien imiter également leurs frères d'Arabie sur celui-là.

Les Arabes partagent leurs coursiers en deux castes bien distinctes, les *kadiskis*, ou chevaux de races inconnues, et les *koclanis*, ou chevaux dont la généalogie est connue depuis plus de deux mille ans. Les premiers sont méprisés et employés aux travaux communs, les seconds sont exclusivement réservés à servir de chevaux de main. Les récits des voyageurs sont remplis d'anecdotes sur le courage, l'agilité et l'intelligence extraordinaires de ces coursiers du désert. Nous nous contenterons de citer le trait suivant raconté par M. de Chateaubriand, dans l'*Itinéraire de Paris à Jérusalem.*

« L'histoire d'une jument fait souvent l'entretien du pays. On me raconta les prouesses d'une de ces cavales merveilleuses. Le Bédouin qui la montait, poursuivi par les sbires du gouverneur, s'était précipité avec elle du sommet des montagnes qui dominent Jéricho. La jument était descendue au grand galop, presque sans broncher, laissant les soldats dans l'admiration et l'épouvante de cette fuite. Mais la pauvre gazelle creva en arrivant à Jéricho, et le Bédouin, qui ne voulut pas l'abandonner, fut pris, pleurant sur le corps de sa compagne. Cette jument a un frère dans le désert ; il est si fameux, que les Arabes savent toujours où il a passé, où il est, ce qu'il fait et comment il se porte. On m'a religieusement montré dans les montagnes, près de Jéricho, les pas de la jument morte en voulant sauver son maître. »

Les Anglais, dont l'amour-propre national est de primer dans tout, ont voulu avoir les plus beaux chevaux

et être les meilleurs cavaliers de l'Europe. Pour y parvenir, aucun sacrifice ne leur a coûté. Ainsi on raconte qu'Henri VIII donna l'ordre un jour de tuer toutes les juments de l'Angleterre qui ne seraient pas reconnues propres à une production distinguée.

Les éleveurs anglais ont naturellement eu recours au sang arabe ; et un fait digne de remarque, c'est que leur plus illustre étalon de cette race leur est venu de France. Nous voulons parler du fameux *Godolphin-arabian*, dont M. Eugène Sue a raconté l'histoire, en la brodant un peu, dans sa nouvelle intitulée *Délcitar*. Ce cheval arabe se trouvait, on ne sait comment, à Paris vers 1750, et il traînait une charrette de porteur d'eau. Un Anglais le vit par hasard et l'emmena en Angleterre, où *Godolphin* devint la souche d'une lignée qui fait encore aujourd'hui la gloire d'Epsom et de New-Market.

Pendant ce temps, que faisait-on en France, ce pays dit le plus spirituel de l'univers? On laissait dépérir les meilleures races indigènes de chevaux, et, entre autres, celles du Limousin et de l'Auvergne, où les croisés, re-

venus sur des chevaux de Palestine, avaient jadis introduit le sang arabe ; on assistait impassiblement aux tentatives assidues et intelligentes d'amélioration faites par les Anglais, sauf *à en profiter plus tard*, c'est-à-dire à enrichir ses éleveurs de notre argent national et à se mettre sous la dépendance d'une rivale, sinon d'une ennemie, pour l'entretien de notre cavalerie.

Au lieu de puiser, comme nos voisins d'outre-Manche, à la source arabe, on s'en tenait au sang anglais, alors qu'il est incontestable que le sang chevalin dégénère en se croisant et en se propageant de race en race. Aujourd'hui encore, on achète un étalon anglais, *Physician,* au prix de 75,000 fr., tandis qu'on pourrait se procurer le plus bel étalon arabe de l'espèce nejd pour moitié prix.

M. Hamon, dont nous avons déjà cité la brochure, a fait ressortir la niaiserie et la sottise d'un pareil système, d'une façon aussi juste que pittoresque. « Recou- « rir au sang anglais pour composer les races dont nous « avons besoin, c'est comme si un orfévre, pour faire « des bijoux sans alliage, se servait d'un or auquel un « premier ouvrier aurait déjà uni du cuivre. »

— A propos de races de chevaux, voici une remarque qui a dans ce moment un mérite de circonstance. Nous lisons dans une relation du jésuite Lauréati : « Les chevaux chinois n'ont ni la beauté, ni la vigueur, ni la vivacité des chevaux européens. Ceux qu'on destine à la guerre sont *si timides, qu'ils fuient aux hennissements des chevaux tartares.* » On conçoit que, dans une contrée où bêtes et gens ont une intrépidité égale, les Anglais ne doivent pas avoir beaucoup de peine à remporter aujourd'hui une foule de victoires.

XXV

Aux causes de notre infériorité hippique, que nous
venons de signaler, il faut encore ajouter l'inintelli-
gence de la routine administrative.

Parlons d'abord des haras. Pour arriver aux premiers
emplois dans cette administration, c'est-à-dire pour être
chargé d'améliorer les races chevalines, de diriger
l'art si compliqué et si difficile des croisements, de choi-
sir et d'acheter les meilleurs étalons, il faut avoir prouvé
que l'on se connait parfaitement en... matières parle-
mentaires.

Les directions de haras ne sont données aujourd'hui

qu'à des membres, non du Jockey-Club, mais de la
chambre des députés. Quiconque est député et possède
à la chambre dix voix de coterie est censé posséder toutes les connaissances hippiques et passe de droit directeur des haras. Ces directeurs ne connaissent donc en
fait d'hippodromes que les couloirs du Palais-Bour-
bon.

Ajoutons que, pour entrer dans cette administration
chevaline, la première condition est non-seulement de
ne pas connaître, mais encore de ne pas aimer les chevaux. Un jeune homme de notre connaissance (le fait
est des plus historiques) fut renvoyé en 1832 des haras
parce qu'on le *soupçonnait* de s'occuper d'équitation.
Les méchantes langues prétendent que, sur les quatre-
vingts officiers des haras, il y en a tout au plus six qui
soient en état de distinguer sur quel pied leur cheval
galope.

Pour donner une idée de la profondeur de science
spéciale qui distingue ce corps administratif, il nous
suffira de rappeler ce fait bien connu de tous les rieurs
équestres, à savoir qu'un officier des haras acheta naguère comme *étalon* un cheval hongre. Pendant deux
ans, cet animal resta dans les écuries de l'administration, et c'était chaque jour un sujet de stupéfaction
de le voir demeurer improductif. On parlait même de
soumettre ce prétendu phénomène aux Académies des
sciences et de médecine, lorsqu'un vétérinaire, appelé
par hasard dans les écuries, découvrit la risible vérité. Le directeur qui a commis cette stupéfiante distraction continue de toucher 12,000 fr. par an comme
l'une des notabilités hippiques les plus distinguées.

La même perspicacité préside à toutes les autres parties du service équestre, et l'on a parfois confié le soin
des remontes à un jeune officier sortant de Saint-Cyr,
où il n'a pu voir, en fait de chevaux, que le limonier
chargé de voiturer des tonneaux d'eau à l'école.

Le département de la guerre (section de la cavalerie) broche sur le tout. Ainsi, d'après les tarifs officiels, il paye 900 fr. un cheval anglais, 700 fr. un cheval allemand et 600 fr. un cheval français, afin de mieux encourager la production *nationale*.

Puis, il y a dans les bureaux un système d'achat immuable, mais fort peu logique. La guerre n'achète jamais que des chevaux de quatre ans, par cette excellente raison qu'à cet âge un cheval n'est pas encore en état de servir.

Supposez un quadrupède indigène, conséquemment acheté au plus bas prix possible, par suite de cet esprit de nationalité qui nous distingue si éminemment ; — ce jeune cheval aura donc été payé 600 fr. On est forcé de le nourrir pendant un an dans les écuries du régiment, sans rien faire ; ce qui, en ne calculant la nourriture qu'à 1 franc par jour, porte le prix définitif du quadrupède à 965 fr. Mais en tenant compte des chevaux qui meurent dans l'intervalle, de ceux dont on ne peut tirer parti par suite d'un système vicieux et routinier de dressage, il résulte, de l'aveu des militaires eux mêmes, que chaque cheval de cavalerie revient à près de 2,500 fr. Or, si l'on consacrait tout d'abord cette somme aux achats, on pourrait se procurer de très-beaux chevaux de six à sept ans, tout dressés, tout prêts à servir, et notre cavalerie alors serait magnifiquement montée. A la vérité, nous raisonnons dans l'hypothèse qu'une cavalerie doit être à cheval, — hypothèse que beaucoup de nos grands administrateurs ne seraient peut-être pas éloignés d'appeler absurde.

Il ne faut pas oublier de signaler une autre rubrique très-ingénieuse du département de la guerre. La Lorraine et principalement les environs de Metz produisent des chevaux légers, propres à monter des hussards ; en conséquence, on y envoie en garnison et en remonte des régiments d'artillerie. Il est vrai qu'en revanche,

comme la Franche-Comté ne produit que de gros chevaux de train et d'artillerie, on émaille ce pays de régiments de hussards.

En résumé, les haras ne savent pas produire, et le
département de la guerre ne sait pas acheter les chevaux. — Voilà où en est chez nous le progrès hippique.

XXVI

Les nouvelles éditions du *Dictionnaire de l'Académie* disent que le mot *maquignon* « ne se prend plus qu'en mauvaise part et s'entend de ceux qui font métier de tromper. » On l'a remplacé par le mot *marchand de chevaux.* — Ce n'était vraiment guère la peine de changer.

Cette sorte d'industrie jouit en général d'une réputation assez équivoque. Il est vrai que, dans le trafic des chevaux, on tromperait ses meilleurs amis, tandis que dans beaucoup d'autres commerces c'est absolument la même chose.

On distingue plusieurs classes de marchands de chevaux, et, pour le dire en passant, ces marchands appartiennent presque tous à la religion israélite. Il y a d'abord celle qui forme ce qu'on appelle le haut com-

merce, et qui est en possession de fournir l'élite de
la fashion. Elle se compose de quatre ou cinq marchands établis aux Champs-Élysées. Ceux-ci font de
fréquents voyages en Angleterre d'où ils ramènent des
chevaux que l'on nomme de première main. Nous ran-
gerons dans la même catégorie un ou deux marchands
qui font en Allemagne ce que les premiers font en Angleterre. Viennent ensuite les *troqueurs*. Un cheval ne
plaît plus à son maître ou a cessé d'être *à la mode*. Le
maître va trouver un marchand de première classe qui
convient de reprendre le cheval en déduction du prix d'un
nouveau qu'il fournit. Mais pour conserver la réputation
de son établissement, il ne peut pas garder chez lui un
cheval de troque ; il s'en arrange donc avec un confrère,
et cela d'autant plus facilement, qu'il a toujours en soin
de prendre la bête à peu près pour rien. En descendant
l'échelle, on trouve les marchands qui rachètent des propriétaires les chevaux tarés ou usés ; — les marchands
de chevaux communs pour le service des haquets, tom-
bereaux, omnibus, etc., et enfin ceux qu'on nomme *hari-
cotiers*, qui ont pour tout établissement un poteau au
marché aux chevaux, où ils revendent aussitôt qu'ils
ont acheté, qui payent les chevaux 150 à 200 fr., et se
contentent d'un bénéfice de 5 à 10 fr. Ces derniers
sont les nomades du genre ; ils sont marchands de chevaux *en chambre*, et payent, comme ils le disent eux-
mêmes, patente sous la semelle de leurs souliers.

Nous ne parlerons pas d'une innombrable quantité de
courtiers, la plupart marchands de chevaux ruinés. Il
n'est presque pas de vente de cheval qui ne procure à
une dizaine de personnes accessoires un petit bénéfice
dont le consommateur paye les frais, bien entendu.

Passons maintenant à l'étude physiologique de la
classe en général.

Le marchand de chevaux est toujours un peu sourd,
d'une oreille au moins. Il a soin de prévenir les ama-

teurs qui s'adressent à lui de vouloir bien parler haut.
Cette infirmité propice lui permet d'entendre ce que se
disent confidentiellement les acheteurs. Mais si son
oreille est bouchée, en revanche son intelligence ne
l'est pas. En fait de *ressources*, le marchand de chevaux
en remontrerait non-seulement à Quinola, mais encore aux Scapin, aux Gusman d'Alfarache et autres
héros typiques. Tel marchand de chevaux dépense
souvent, pour vendre un quadrupède fourbu, plus d'i-
magination qu'il n'en faudrait pour composer une haute
comédie.

Les écuries des marchands de chevaux sont tout à
la fois un pendant de la cour des Miracles, de la fontaine de Jouvence, et des établissements où l'on fournit
des déguisements de carnaval. C'est là qu'on guérit subitement toutes les infirmités chevalines, qu'on rend la
vue aux borgnes, les jambes aux boiteux ; qu'on ra-
jeunit les vieux, et que l'on déguise si bien un cheval,
à l'aide d'une queue coupée, d'une crinière teinte, de
quelques dents rajoutées, etc., que l'animal devient mé-
connaissable même aux yeux de ses anciens maîtres.
Combien n'est-il pas arrivé de fois qu'un propriétaire a
ainsi racheté, sous une peau neuve, son cheval dont il
s'était défait par un motif quelconque ! De cette façon,
les comédies de marchands de chevaux sont fréquemment terminées par des *reconnaissances* peu comi-
ques, — du moins pour l'une des parties.

On cite (le fait est des plus historiques) un amateur
qui, ayant ainsi racheté un cheval naguère à lui appartenant, exprimait candidement le regret, après l'acquisition, de ne savoir où retrouver son *ancien cheval*,
afin de l'appareiller à sa voiture avec *le nouveau*.

Tout le monde connaît la vieille rubrique du poivre
long, appliqué sous la queue, afin de donner à un
cheval éreinté un semblant de vivacité et d'action.

Un marchand de chevaux a conservé longtemps dans

ses écuries un cheval pour lequel il n'a pu trouver
d'acheteur. L'animal s'appelle alors un *Parisien*. Voici
le moyen ingénieux employé pour l'écouler. Il est
d'usage, lorsqu'un marchand en réputation attend un
convoi de chevaux anglais, que les amateurs fashionables aillent le visiter au Bourget ou au Gueypel
(derniers relais sur la route d'Angleterre à Paris). En
cette occasion, le *Parisien* est conduit la nuit au Bourget, ferré à l'anglaise, déguisé le plus habilement possible, et on le mêle avec les nouveaux débarqués. Tel
amateur qui a dédaigné le *Parisien* dans les écuries des
Champs-Élysées, jette les yeux sur lui et demande au
marchand des détails sur la bête. « Ma foi, répond
celui-ci de l'air le plus naturel, je ne sais pas ce qu'il
est ; ça arrive d'Angleterre, c'est tout neuf. Au reste, si
vous le désirez, nous allons essayer de voir ce qu'il sait
faire. Mais vous concevez qu'il faut prendre des précau-
tions avec une bête aussi novice et qui peut être dange-
reuse. » Alors il appelle sept ou huit garçons, qui s'approchent avec toutes les apparences de la crainte de
leur ancienne connaissance le *Parisien*, et ont l'air de
faire les plus grands efforts pour l'atteler. — L'amateur, dupe de cette mystification, paye 3,000 fr. le
même cheval qu'il avait refusé précédemment d'acheter
pour 800 fr.

Il y a d'ordinaire, chez les marchands de chevaux,
un terrain disposé en pente. Lorsqu'on veut montrer
un cheval à un amateur, on a toujours soin de placer
la bête, les pieds de derrière un peu plus bas que ceux
de devant, afin de faire saillir le garrot et de lui donner l'apparence d'une belle encolure.

Les marchands de chevaux ont entre eux un argot
assez pittoresque, et dont nous croyons devoir citer
quelques échantillons.

— Tel cheval *joue du piano* (cela veut dire qu'il a
un joli mouvement d'épaules).

— Il est *marié avec une borne* (toujours couché).

— Il a *une petite mouche au genou* (il est couronné).

— Il n'a *pas besoin de coco* (il porte bien la queue).

— Cheval *qui méprise la terre qui le porte* (cheval qui a du brillant).

— Cheval *à faire un coup* (sur lequel il y a de l'argent à gagner).

On dit proverbialement, pour donner une idée de la plus extrême confusion : « honteux comme un renard qu'une poule aurait pris. » Cependant ce renard ne saurait être aussi penaud qu'un marchand de chevaux qui s'est laissé tromper par un confrère et surtout par un simple amateur. Être trompé est tellement l'opposé des habitudes de la profession, que le marchand de chevaux, auquel pareille chose arrive, met une espèce de point d'honneur à ne pas en convenir; au contraire, il se vantera d'avoir fait un excellent marché. Il ira trouver l'amateur qui, par miracle, l'aura dupé, et il le remerciera avec effusion de la bonne affaire qu'il lui a procurée. Cette hypocrisie a pour but de sauver l'amour-propre du corps d'abord, puis de continuer à entretenir des relations avec l'amateur, afin de se ménager, plus tard, l'occasion de le *repincer*.

Le marchand de chevaux excelle à découvrir le faible des acheteurs; il prend celui-ci par la flatterie, celui-là par les apparences de la bonhomie, le plus grand nombre par la vanité. Aussi, croyons-nous pouvoir poser cet axiome : l'essentiel pour un marchand de chevaux n'est pas de connaître les chevaux, mais les hommes.

XXVII

LE MAQUIGNON DU GRAND MONDE.

Ainsi que son titre l'indique, le maquignon du grand monde joint à son commerce de brocantage sur les chevaux une profession qui le pose dans la société ; il est assez souvent agent de change, ou homme d'affaires, quelquefois même simple dandy. Tantôt il se dit grand connaisseur hippique, alors il est très-soigné dans sa mise ; tantôt il prétend ne rien connaître en chevaux, et la modestie de sa toilette répond à la modestie de ses prétentions. *Nota.* Le maquignon du grand monde, se disant ignorant, est le plus dangereux de l'espèce, attendu que ses dupes croient pouvoir facilement l'attraper.

C'est dans les salons, à la Bourse, dans l'embrasure d'une croisée, qu'il glisse, entre un propos galant ou une observation politique sur la crise actuelle, des phrases insidieuses qui mettront à profit ses courses du matin chez les marchands de chevaux des Champs-Elysées ou de la rue Basse-du-Rempart. « Si vous avez besoin d'un beau et bon cheval, dit-il à l'ami qu'il se propose *d'allumer* (pour nous servir du terme technique), j'en ai un excellent. Je désirerais bien ne pas le vendre, mais pour vous obliger, et vous empêcher d'être attrapé, *j'en ferai le sacrifice.* » — Règle générale, le maquignon du grand monde oblige et fait toujours des sacrifices. Et ce qu'il y a d'encourageant pour la vertu, c'est que ce dévouement amical lui rapporte de 10 à 15,000 fr. par an.

Afin de satisfaire son penchant peu désintéressé à rendre service, le maquignon du grand monde emploie deux sortes de moyens : ou il achète et revend des chevaux pour son propre compte, ou il fait acheter par ses amis chez un marchand avec lequel il s'entend et partage les bénéfices. La plupart du temps il cumule ces deux procédés.

Inutile de dire que le maquignon du grand monde et son compère le marchand de chevaux feignent de se connaître à peine. Souvent même, afin de mieux dissimuler, ils ont l'air de se disputer. Rien de curieux à observer comme ces querelles, où le maquignon du grand monde prodigue les propos durs et insultants, où le marchand pleure, — le tout pour attraper un troisième individu qui sourit dans sa barbe, et qui remercie son bon ami de prendre si chaudement ses intérêts et de vouloir bien.... gagner 1,000 fr. sur le marché.

XXVIII

LES MAQUIGNONS MARRONS OU DOMESTIQUES.

Ceci est encore un genre d'industrie créé par la quatrième page des journaux. Quelques cochers sans place font souvent annoncer qu'un *cheval de maître est à vendre telle rue, tel numéro, pour cause de départ.* C'est tout simplement une rosse de rencontre que le maquignon domestique a placée dans les écuries de la maison, avec la connivence du portier, qui perçoit un bénéfice pour pousser à la vente.

Si parfois il arrive qu'un bourgeois ait réellement recours à ce moyen pour se défaire d'un cheval, en ce cas, le portier joue un autre rôle. Les courtiers, qui ont lu l'annonce dans les journaux, donnent 20 fr. au Cerbère de la porte, afin qu'il réponde à tous les amateurs qui pourraient se présenter que le cheval est vendu. Le bourgeois dont on a *laissé mûrir le cheval,* finit par le donner à vil prix aux courtiers. *Nota.* On appelle, dans l'argot des maquignons, *laisser mûrir un cheval,* le tenir dans l'écurie assez de temps pour que les frais de nourriture absorbent une partie de sa valeur.

XXIX

LES VÉTÉRINAIRES.

Nous ne parlons ici de cette classe d'Hippocrates hippiques que pour mentionner une espèce d'intervention qu'on leur attribue dans les brocantages de chevaux. On prétend que, lorsque des vétérinaires sont appelés par leurs clients à donner leur avis sur un cheval à acheter, s'ils clignent de l'œil avant de conseiller l'achat, et que le marchand réponde par un signe d'assentiment, cela veut dire que celui-ci consent à donner un pourboire de 50 fr. par chaque clignement. Nous rapportons la version telle qu'elle circule, sans prétendre aucunement en accepter la responsabilité. Ne peut-on pas cligner de l'œil sans que cela soit louche ?

XXX

On a souvent cité l'Arabie comme le pays où les chevaux ont le sort le plus doux et le plus heureux.
M. d'Ossonville, ne faisant que confirmer la majeure
partie des impressions de voyage, dit : « Les Arabes
« sont très-enthousiastes de leurs chevaux, qu'ils cares-
« sent sans cesse et tiennent extrêmement propres. Ils
« leur peignent la crinière et la queue, et les riches
« les parent de bijoux. Tous les traitent comme des
« êtres raisonnables qui vivent en famille avec leurs
« maîtres. » M. Alexandre (*Histoire des femmes*) ajoute
qu'un des priviléges du beau sexe en Arabie est de
nourrir, de panser, de seller et de brider les chevaux.

Mais tous ces récits sur la vie intime et *bourgeoise*
des chevaux arabes sont contredits par M. de Chateau-

briand. Citons cette belle description de l'*Itinéraire de Paris à Jérusalem*.

« Les juments, selon la noblesse de leur race, sont traitées avec plus ou moins d'honneurs, mais toujours avec *une rigueur extrême*. On ne met point les chevaux à l'ombre ; on les laisse exposés à toute l'ardeur du soleil, attachés en terre à des piquets par les quatre pieds, de manière à les rendre immobiles. On ne leur ôte jamais la selle...... Un traitement si rude, loin de les faire dépérir, leur donne la sobriété, la patience et la vitesse. J'ai souvent admiré un cheval arabe, ainsi enchaîné dans le sable brûlant, les crins descendant épars, la tête baissée entre ses jambes, pour trouver un peu d'ombre, et laissant tomber, de son œil sauvage, un regard oblique vers son maître. Avez-vous dégagé ses pieds des entraves, vous êtes-vous élancé sur son dos ? *Fervens et fremens sorbet terram ; ubi audierit buccinam, dicit : vah !* « Il écume, il frémit, il dévore la terre ; la trompette sonne, il dit : allons ! » Et vous reconnaissez le cheval de Job. »

En Angleterre, les chevaux sont nourris et traités avec le plus grand soin ; on pousse même la sollicitude jusqu'à établir un thermomètre dans les écuries afin d'entretenir un degré de chaleur en rapport avec la température extérieure. Comme John-Bull aime naturellement les chevaux, il les comble d'égards et de procédés. Les Anglais, si prompts à boxer et à assommer un homme d'un coup de poing, se feraient scrupule de donner une croquignole sur le nez d'un cheval.

En France, la condition des chevaux a toujours été fort dure, et certes ils seraient en droit de retourner contre leurs maîtres, leurs palefreniers, leurs conducteurs, le proverbe : brutal comme un cheval.

C'est même à la façon dont on les traite que l'on doit attribuer leur caractère presque général de réti-

vité. Battus, dès leur jeune âge, dans les enclos d'her-
bagers, ils prennent en défiance et en aversion tout ce
qui a l'apparence d'un homme.

A la vérité, nos anglomanes fashionables affectent
maintenant une haute estime et une vive tendresse
pour les chevaux. Ils attachent la plus grande importance à n'avoir chez eux que des coursiers d'une noblesse authentique et comptant, pour le moins, sept
ou huit quartiers. A cet effet, ils consultent conscien-
cieusement le *stud-book* et les *pedigrees* (le nobiliaire
et la généalogie particulière des chevaux). Grâce à ces
scrupules aristocratiques, leur écurie est une espèce
d'Œil-de-bœuf.

Disons, par parenthèse, que ces idées d'aristocratie
appliquées aux chevaux paraissent avoir passé des
dandys dans la bourgeoisie. En voici une preuve assez
plaisante.

M. Jules Pellier, se trouvant momentanément privé
du cheval qu'il montait dans le *Quadrille équestre*, au
cirque des Champs-Élysées, avait demandé à un droguiste retiré de la rue des Lombards, s'il voulait bien
lui prêter une jument que l'habile écuyer avait précédemment dressée. Le droguiste y avait d'abord con-
senti ; mais bientôt, réfléchissant sans doute que sa
bête dérogerait et se compromettrait en paraissant sur
un théâtre, il écrivit à M. Pellier la lettre suivante, que
nous rapportons textuellement.

« Monsieur,

« Je vous préviens que je retire la permission que
« je vous avais accordée. Je ne me soucie pas que ma
« jument *se fasse saltimbanque.*

« Agréez, etc. »

Maintenant quelques écuries fashionables sont con-
struites avec un luxe asiatique, avec des pavés de marbre, des fontaines jaillissantes, etc., sur le modèle des

fameuses écuries de Chantilly, dont M. Léon Gozlan a fait une si brillante description dans ses *Tourelles*.

On cite particulièrement pour leur élégance et leur comfort les écuries de M. Shickler et surtout celles de M. Hope.

Mais ce sont des apparences dorées auxquelles il ne faut pas toujours se fier. Il en est ici comme de certains intérieurs de ménage (nous demandons excuse pour la comparaison) dans lesquels règnent, aux yeux du public, le bonheur et la paix, et qui sont déchirés par des querelles intestines. Ainsi les pur-sang, si magnifiquement logés, traités avec tant de douceur et d'attention lorsque le maître ou les amateurs les visitent, sont trop souvent brutalisés et battus à outrance par leurs palefreniers, dans le secret intime de l'écurie.

C'est ici l'occasion de signaler l'influence énorme que la passion hippique a donnée aux cochers, aux grooms et aux jockeys sur leurs maîtres. Jadis c'étaient les intrigues d'amour qui mettaient en pied de familiarité les Frontin, les Jasmin et les Labranche; aujourd'hui la livrée domine par l'écurie. Ajoutons que les Frontins de l'étrille n'usent pas souvent de leur ascendant avec plus de délicatesse que leurs devanciers de la haute comédie.

Voici quelques-uns de leurs tours les plus ordinaires. Ils conseilleront à leur maître d'acheter pour attelage des chevaux de quatre ans non encore dressés. Puis ils se chargent d'entreprendre l'éducation des quadrupèdes, et, au bout de quelque temps, ils déclarent formellement qu'il est impossible *d'en rien faire de bon*. Le maître revend alors à vil prix son attelage au marchand de chevaux. — Inutile de dire que le groom ou le cocher a, en cette occasion, sa part de fonds secrets.

D'autres fois ils persuadent à leur maître, pour qui ils sont des oracles, de monter ses écuries au commen-

cement de l'hiver. Les chevaux tomberont toujours
malades *par hasard*, et ils ne pourront pas servir pendant la saison. Enfin, au printemps, ils seront déclarés
incurables par arrêt de la faculté d'écurie. Le marchand qui les aura vendus consentira *à faire le sacrifice*
de les reprendre au quart du prix d'achat; puis, au bout
de quinze jours, après avoir eu l'agrément de faire
nourrir gratis ses quadrupèdes pendant la morte-saison
d'hiver, il les revendra fort cher comme arrivant tout
fraîchement d'Angleterre. Un billet de 500 francs est la
récompense ordinaire de ces petits services domes-
tiques.

XXXI

Salomon l'a dit avec raison : « Il n'y a rien de nouveau sous le soleil, » pas même en matière de sauts et de grands écarts.

Homère, dans le quinzième livre de l'*Iliade*, emploie la comparaison suivante : « Tel un habile écuyer, accoutumé à manier plusieurs chevaux à la fois, en choisit quatre des plus rapides, les pousse à toutes brides, passe légèrement de l'un à l'autre, vole avec eux en fendant l'air, et les fait tous arriver au même instant à son but, avec autant de justesse et de précision que s'il n'en avait qu'un seul à diriger. » Dans ce passage, le vieux poëte grec décrit exactement un exercice de voltige que l'on a *inventé* de nos jours, sous le nom de *la Poste*.

Pendant longtemps le Cirque de Paris a été le seul établissement de ce genre. Les chevaux savants qui y paraissaient étaient considérés comme les beaux esprits exceptionnels de l'espèce. L'écurie de MM. Franconi était, pour les quadrupèdes, ce qu'est pour nous l'Académie française : c'était le foyer des lumières animales, le centre du pas classique, le réservoir du trot antique, le sanctuaire du beau galop.

Le Cirque avait encore naguère une espèce de spécialité gouvernementale. Il était chargé de fournir des chevaux pour les princes et les souverains lors des solennités officielles. Et ces chevaux, de même que certains courtisans, étaient à la disposition de toutes les dynasties possibles.

Ainsi, en 1814, un cheval gris-pommelé, nommé *Le Noble*, servit à l'entrée du comte d'Artois, puis à celle des ducs de Berri et d'Angoulême. Le 20 mars, il porta Napoléon, lors de son retour triomphal aux flambeaux. Après les cent jours, le même cheval ramena dans Paris les princes de la branche aînée, et toujours avec le même piaffer, le même enthousiasme.

De nos jours, le progrès a fait sentir ses effets dans le Cirque comme ailleurs ; les anciens exercices qui, jadis, excitaient l'enthousiasme paraîtraient aujourd'hui vulgaires. Il est devenu aussi difficile de se distinguer dans la carrière hippique que dans la carrière littéraire. Il suffisait autrefois d'un simple changement de pied au galop et d'un quatrain pour conquérir une réputation équestre et poétique ; maintenant on n'y parvient qu'à l'aide de pirouettes sur trois jambes, et d'au moins cent cinquante volumes de prose ou de vers.

Disons, par parenthèse, que l'art de dresser des chevaux savants, qui maintenant conduit à la gloire et à la fortune, ne conduisait, au moyen âge, qu'à la potence ou au bûcher. C'est ce qui résulte de cette lamentable histoire que nous lisons dans un vieux recueil équestre de 1664 :

« Un Napolitain, nommé Pietro, avait un petit cheval dont il sut mettre à profit les dispositions naturelles ;

il le nommait *Mauracco*. Il le dressa et lui apprit à se manier sans selle ni bride, et sans que personne fût dessus.

« Ce petit animal se couchait, se mettait à genoux et marquait autant de courbettes que son maître lui disait. Il portait un gant ou tel autre gage qu'il plaisait à son maître de lui donner, à la personne qu'il lui désignait. Il faisait, en un mot, toutes sortes de singeries.

« Après avoir parcouru une grande partie de l'Europe, son maître se décida à se retirer ; mais en passant par Arles, il voulut s'y arrêter. Ces merveilles frappèrent tellement le peuple, et l'étonnement fut porté à un tel point, qu'on le prit pour un sorcier. Pietro et *Mauracco* furent brûlés comme tels sur la place publique. »

Le Cirque des Champs-Élysées a subi les exigences de progrès dont nous parlions tout à l'heure. Il s'est construit une salle resplendissante de dorures et d'arabesques. La voltige et le saut périlleux sont incomparablement mieux logés que la tragédie de Racine et la comédie de Molière.

L'élément de la haute école, si brillamment représentée par M. Baucher, le travail de *Partisan* et de ses émules, offrent tout à la fois une instruction et un plaisir. Par suite, le Cirque est devenu le rendez-vous des amateurs fashionables. Ceux-ci se concentrent de préférence dans le couloir du fond, par lequel arrivent les chevaux et les artistes, et où ils sont obligés de se tenir debout. Cette place a été adoptée par la fashion, sans doute parce qu'elle est la moins commode.

L'équitation féminine est sortie également de la routine bornée et timide dans laquelle elle était naguère renfermée. Une jeune élève de M. Baucher, mademoiselle Pauline Cuzent (1), exécute des exercices qui,

(1) Le frère de cette écuyère, M. Paul Cuzent, réunit deux

pour la hardiesse et l'habileté équestres, étonneraient un officier de hussards et un ancien écuyer de Versailles.

— Entreprendre la physiologie détaillée des troupes d'écuyers nomades qui courent la province et donnent des représentations dans une baraque portative de toile et de planches qu'ils décorent du sobriquet de Cirque-Olympique, ce serait vouloir refaire quelques-uns des chapitres du *Roman comique*. Il y aurait cependant ici à peindre un tableau supplémentaire de ce dénûment pailleté et fardé qui inspire à la fois le rire et la pitié. A la misère des artistes bipèdes se joint celle des artistes quadrupèdes. La famine règne également à la cuisine et au râtelier ; si, pour les uns, dîner ou souper est en dehors des habitudes, pour les autres, le picotin d'avoine est un mythe.

Et pourtant, Dieu sait que le directeur de ces troupes ambulantes monte son établissement olympique avec une simplicité toute patriarcale. Et d'abord, les chevaux exceptés, on peut dire littéralement qu'il est le père de tous ses artistes. Les enfants sont exercés à passer alternativement du contrôle sur les chevaux, et des chevaux dans l'orchestre. Tous doivent jouer de tous les instruments ; les filles ne sont pas exceptées de l'ophicléide. Là, le cor, la trompette et le trombonne n'ont pas de sexe.

Si parfois des vides se font sentir dans la symphonie concertante, l'épouse du directeur ne tardera

---

genres de talent qu'on aurait pu croire incompatibles : d'intrépide voltigeur, il est devenu, tout en se livrant aux travaux de cette périlleuse profession, un habile musicien et un charmant compositeur. Sa musique, servant d'accompagnement aux exercices des chevaux de M. Baucher, est remarquable par l'abondance et la fraîcheur mélodiques. M. Paul Cuzent travaille, dit-on, en ce moment à une partition d'opéra.

pas à accoucher d'une clarinette ou d'un cornet à piston.

On dit que le ciel bénit toujours les nombreuses familles, — à pied, c'est possible; mais il paraît qu'il y a une exception lorsqu'elles sont à cheval. Ces tribus d'écuyers et d'écuyères ont une existence bien rude-

ment éprouvée. On pourrait suivre leur déroute artistique aux débris de costumes et de chevaux qu'ils sèment sur la route entre les mains d'impitoyables cabaretiers. Tel de ces infortunés, au moment de s'habiller dans un bourg de Bretagne, réfléchit tristement qu'il a laissé ses bottes à Carpentras, sa culotte collante à Issoire, sa tunique à Brives-la-Gaillarde, etc.

Force est d'essayer de réparer ces désastres en s'affublant d'un accoutrement qui, s'il est à peu près conforme aux lois de la décence, blesse cruellement les

traditions chronologiques et géographiques. Quant aux
avaries hippiques subies par suite des saisies-arrêts,
on y supplée en louant à la poste de l'endroit un
bidet qui se trouve subitement transformé pour la
circonstance en cheval savant, gastronome, aérien, etc.
On cite un écuyer nomade qui, à une foire récente de
Guibray, en Normandie, se montra encore plus ingé-
nieusement fertile en expédients. Dépouillé de son
dernier coursier et de son dernier écu, il se décida à
travailler en public sur des bœufs sellés et bridés.

XXXII

MONTFAUCON.

Ceci est un dénoûment bien lugubre pour le genre et le titre de cet opuscule ; mais force nous est de l'adopter par respect pour la couleur ou plutôt pour l'ingratitude locale.

Au temps jadis, les hommes se souvenaient des importants services de toute espèce que leur avaient rendus leurs chevaux. L'âge des infirmités venu, ils prenaient soin de ces vieux compagnons de guerre ou de plaisir, et leur accordaient les invalides d'écurie.

C'est du moins ce qui paraît résulter de ces vers antiques du poëte Ronsard (1566) :

> Un noble cavalier qui se plaît par nature
> A nourrir les haras, s'il trouve d'aventure
> Un coursier généreux qui, courant des premiers,
> Gagne pour son seigneur et palmes et lauriers,
> Et, couvert de sueur, d'écume et de poussière,
> Rapporte à la maison le prix de la carrière,
> Il le prise, il le garde ; et quand, froid et perclus,
> Assailli de vieillesse, hélas ! il ne court plus,

N'ayant rien du passe que la montre honorable,
Son bon maitre le loge au plus haut de l'etable,
Lui donne avoine et foin, soigneux de le panser,
Et d'avoir bien servi le fait récompenser,
L'appelle par son nom, et si quelqu'un arrive,
Dit : « Voyez ce cheval à l'haleine poussive,
Et dont l'âge a creusé les flancs ; à Montcontour,
A Jarnac, il courait, et, dans plus d'un grand jour,
Il vainquit dessous moi ; mais tout enfin se change. »
Et lors le vieux coursier qui entend la louange,
Hennissant et frappant la terre, se sourit,
Et bénit son seigneur qui si bien le nourrit.

Voilà ce qui se pratiquait au temps de Charles IX ;
voici maintenant les réformes opérées par les progrès
de la civilisation. Dans un de ces coins de terre mau-
dits sur lesquels la nature semble craindre de souiller
sa robe verdoyante et parfumée, qui n'offrent que des
traces de végétation avortée ou rabougrie, — qui, pré-
destinés à servir perpétuellement de théâtre aux choses
sanglantes et hideuses, se couvrent tour à tour de gi-
bets, de pendus et d'immondices ; — dans un de ces
coins de terre, disons-nous, cinq ou six masures lézar-
dées et suintantes servent d'abattoirs. C'est là, qu'après
avoir été livrés par leurs maîtres, sont conduits tous
les chevaux *hors de service* ; c'est là qu'aboutit une vie
si souvent pleine de nobles et brillants travaux. Dans
cette affreuse écorcherie, l'unique sollicitude est de
tirer du corps des malheureuses victimes le plus grand
lucre possible. La spéculation est parvenue à obtenir
sur ce point des résultats prodigieux, on peut même
dire fantastiques. Ainsi, tandis qu'on retire de certaines
parties du cheval plusieurs tranches de *bifteck*, son
sang, soigneusement recueilli, sert à faire du bleu *de
Prusse*, et avec sa graisse fondue on compose de l'huile
de *pied de bœuf*.

Mais tandis qu'on se préoccupe de ces bénéfices pos-
thumes, on ne s'inquiète nullement des chevaux encore

vivants, et qui, entassés sous un misérable hangar, ou-
vert au vent et à la pluie, attendent le coup fatal.
Chose horrible à dire ! les pauvres bêtes sont quelquefois abandonnées là pendant six ou sept jours, jusqu'à
l'instant désigné pour une tuerie générale, et pendant
cet espace de temps, on ne leur donne *ni à boire ni à
manger !* On voit de ces malheureux qui, poussés par la
faim... mais jetons un voile sur ces affreux tableaux.
Parmi les maîtres des chevaux livrés à la destruction,
il s'en trouve à peine quelques-uns qui aient l'humanité, sinon la gratitude, de songer du moins à leur épar-
gner les tortures accessoires de la famine, et qui veuil-
lent faire les frais d'un léger pourboire aux bourreaux,
afin d'obtenir que la victime soit assommée sur le
champ (1).

Les scènes repoussantes que nous venons de raconter
se passent depuis plus d'un siècle aux portes de ce
qu'on appelle la capitale du monde civilisé. A dater
du 1er janvier de la présente année 1842, l'horrible
cloaque de Montfaucon a été fermé et transporté dans
un nouvel établissement, situé vers le milieu de la
plaine des Vertus, au delà de la ligne des fortifications.
Nous devons reconnaître que cette tuerie, fraîchement
construite, ne laisse rien à désirer sous le rapport de
l'élégance architecturale. Ce qu'on y voit surtout de
remarquable en fait de *progrès,* c'est une immense
cuve dans laquelle on peut faire bouillir jusqu'à *trente
chevaux* à la fois !

Du reste, ce charnier coquet offre à peu près les mêmes scènes que l'ancien Montfaucon. Disons cependant
que, s'il faut en croire les cicerones de l'établissement,
l'affreux hangar, digne pendant de la tour d'Ugolin, où

(1) Les chevaux sont abattus au moyen d'une pioche assénée
sur la tête. Telle est la vigueur et l'adresse de l'assommeur qu'il
suffit d'un seul coup pour les tuer roide.

les chevaux condamnés subissaient une agonie famélique d'une semaine, n'existerait plus. Maintenant on allouerait aux pauvres bêtes qui ne peuvent être abattues immédiatement, une *demi-botte de foin*, juste ce qu'il faut pour qu'elles ne crèvent pas de faim. Souhaitons que ce retour à l'humanité ne soit pas tout simplement un puff de prospectus.

Parmi les victimes vouées aux horreurs de l'ancien ou du nouveau Montfaucon, ne figurent pas seulement les chevaux que l'âge, les infirmités ou l'excès de travail ont complétement usés. Le même sort est réservé à ceux qu'une jambe cassée ou tout autre accident fortuit met hors de service. Ainsi tel fringant et brillant coursier, vainqueur dans l'hippodrome et couvert des applaudissements de la foule, tel cheval de parade, ornement d'une solennité militaire, telle jument favorite, caressée par la main d'une belle amazone, peut, de la veille au lendemain, être précipité du faîte de la gloire et des honneurs dans la fange d'une écorcherie.

Nous avons hâte de détourner notre pensée de la façon dont on reconnaît généralement les services de ces nobles et utiles animaux. Nous craindrions, après avoir débuté par contester quelques-unes des qualités du cœur attribuées au cheval, d'être entraîné à terminer en retournant cette critique contre les hommes.

TABLE DES CHAPITRES.

LES MILLE ET UNE NUITS

ILLUSTRÉES
DE 1001 GRAVURES,
Par les pemiers Artistes de France.

3 vol. g⁴ in-8°, jésus, 30 f. br

VOYAGE
SENTIMENTAL
DE STERNE.
Traduct. nouv. de M. J. JANIN.
Illustré par Tony Johannot et Jacque.

1 vol. g⁴ in-8°, jésus, 10 f. br

HISTOIRE
DE MANON LESCAUT,
illust. de 100 grav.
PAR TONY JOHANNOT.

1 vol. g⁴ in-8°, jésus, 10 f. br.

Le Diable Boiteux
PAR LE SAGE,
illust. de 175 grav.
PAR TONY JOHANNOT.

1 vol. g⁴ in-8°, jésus, 10 f. br.

L'ANE MORT,

PAR JULES JANIN,

illustré de 140 vignettes

PAR TONY JOHANNOT.

1 beau vol. gr. in 8°, jésus, 10 f. ...

VOYAGE

EN ITALIE

PAR M. JULES JANIN.

ORNÉ DE 45 GRAVURES ANGLAISES

1 vol. grand in 8°, jésus, 10 f. br.

LES AVENTURES

DE TÉLÉMAQUE,

illustrées par

MM. Tony Johannot, E. Signol, G. Séguin, E. Wattier, Marckl, etc., etc.

1 vol. gd in 8°, jésus, 10 f. br.

CONTES ET NOUVELLES

DE LA FONTAINE

illustrés

Faisant suite aux Fables,

ILLUSTRÉES PAR MM. GRANDVILLE ET J. DAVID.

1 vol. gd in 8°, jésus, 10 f. br.

Imprimé en France
FROC021639120919
22129FR00010B/494/P